LAS MARAVILLAS DE LA SOYA Y EL AMARANTO

LAS MARAVILLAS DE LA SOYA Y EL AMARANTO

MARY JERADE

Grupo Editorial Tomo, S. A. de C. V.
Nicolás San Juan 1043
03100 México, D. F.

1a. edición, agosto 1999.
2a. edición, julio 2003.
3a. edición, noviembre 2006.

© *Las Maravillas de la Soya y el Amaranto*
Autora: Mary Jerade, 1997
México, D.F. 1997

© 2006, Grupo Editorial Tomo, S.A. de C.V.
Nicolás San Juan 1043, Col. Del Valle
03100 México, D.F.
Tels. 5575-6615, 5575-8701 y 5575-0186
Fax. 5575-6695
http://www.grupotomo.com.mx
ISBN: 970-666-201-4
Miembro de la Cámara Nacional
de la Industria Editorial No 2961

Diseño de portada: Emigdio Guevara
Supervisor de producción: Leonardo Figueroa

Derechos reservados conforme a la ley
Ninguna parte de esta publicación podrá ser reproducida o
transmitida en cualquier forma, o por cualquier medio electrónico
o mecánico, incluyendo fotocopiado, cassette, etc., sin autorización
por escrito del editor titular del Copyright.

Impreso en México - *Printed in Mexico*

Con agradecimiento a mi Maestro,
el Dr. Swami Pranavananda Saraswati,
quien fue la persona que me motivó
para la realización de este libro.

INDICE

PREFACIO 17

PROLOGO 19

I. INTRODUCCION 21

II. PROCEDIMIENTOS PREVIOS BASICOS 29

III. ADEREZOS, SALSAS Y BOTANAS 37
    Frijol de soya
    Crema de frijol de soya para untar......................... 37
    Go
    Crema dulce de go 37
    Crema salada de go 38
    Leche de soya
    Mayonesa de leche de soya 38
    Requesón de leche de soya 39
    Yogurth de leche de soya................................. 39
    Leche y queso de soya
    Crema dulce de leche de soya 39
    Crema salada de leche de soya 40
    Tofu
    Crema dulce de tofu...................................... 40
    Guacamole con tofu...................................... 40
    Hojuelas de queso como papas fritas...................... 41
    Mayonesa de tofu... 41

Kinako
Crema de harina de soya para untar 41
Garapiñados 41
Pinole 42
Soyahuates 42
Amaranto
Aderezo de aguacate 42
Aderezo con amaranto y salsa de soya 43
Ajonjolí y amaranto con garbanzo 43
Almendrado con ajonjolí 44
Salsa blanca 44
Salsa hindú 44
Salsas picantes
Salsa de chile cuaresmeño 45
Salsa de chile pasilla 45
Salsa de tomates verdes 45
Salsa de jitomate 46
Salsa a la vinagreta 46
Salsa de jitomate con queso 46
Aderezo de chile pasilla y amaranto 47

IV. ENSALADAS 49
Frijol de soya
Ensalada de frijol de soya 49
Ensalada de frijol de soya con aguacate 49
Leche de soya
Ensalada de espinacas con aguacate 50
Ensalada rusa 50
Okara
Ensalada de berenjenas 50
Ensalada de berros 51
Ensalada de berros con nuez 51
Ensalada de chícharos 52
Ensalada de ejotes 52
Ensalada de pepino con aguacate 52
Ensalada de tomates 53
Tacos de lechuga 53

Tofu
Ensalada de papa 54
Ensalada de queso y pimientos 54
Salsa de soya
Ensalada atómica 55
Ensalada de berros 55
Ensalada de brocoli, apio y papa 55
Ensalada de calabaza y rábano 56
Ensalada de coliflor y aguacate 56
Ensalada de champiñón y espinaca 56
Ensalada de chayotes a la mexicana 57
Ensalada de espinaca 57
Ensalada de espinaca y nopales con chile guajillo 57
Ensalada de habas 58
Ensalada de rosca de verduras al vapor 58
Amaranto
Ensalada de berenjena asada 59
Ensalada de berenjena frita 59
Ensalada de ejotes 60
Ensalada de espinaca con tortilla y queso 60
Ensalada de jícama 61
Ensalada de nopalitos 61
Ensalada de papa con apio 61
Ensalada de verduras crudas 62
Ensalada mexicana 62
Ensalada roja y negra 63
Jocoque con pepino y yerbabuena 63
Ensaladas de frutas
Ensalada de frutas 63
Ensalada de frutas con yogurth 64
Ensalada de plátanos 64
Ensalada en base de melón 65

V. SOPAS 67
Frijol de soya
Sopa de fideo con caldo de frijol de soya 67
Sopa de frijol 67

Go
Sopa de go 68
Sopa de cebolla y go 68
Leche de soya
Crema de elote 69
Sopa de ajos 69
Tofu
Pasta tofu 70
Sopa de perejil 71
Sopa de tofu con verduras 71
Okara
Arroz con apio y okara (en frío) 72
Sopa de avena y elote................................... 72
Sopa de flor de calabaza con okara 72
Sopa de germen de trigo 73
Salsa de soya
Arroz chino 73
Soya texturizada
Arroz japones... 74
Sopa de arroz con carne................................ 75
Caldo de alubias... 75
Sopa de espinacas 76
Sopa de habas verdes.................................... 76
Sopa de nopal... 77
Caldo tlalpeño 77
Mole de olla 78
Pozole.. 79
Amaranto
Sopa de amaranto... 80
Arroz verde 80
Arroz en caldillo y acelgas............................. 81
Sopa de arroz con yogurth y amaranto 81
Crema de brocoli 82
Crema de calabaza 82
Crema de chícharo 83
Crema de elote 83
Crema de espárragos 83
Crema de espinaca 84

Crema de zanahoria 84
Sopa de champiñones. 85
Sopa de champiñones con rajas 85
Sopa de frijol con amaranto 86
Sopa de lenteja molida. 86
Sopa de papa 87
Sopa de pasta 87
Sopa de poro con papa. 88
Sopa de tortilla. 88
Sopa fría 89

VI. GUISADOS 91
Frijol de soya
Frijol de soya a la cacerola. 91
Tortitas de frijol 91
Go
Albóndigas de go en salsa de jitomate. 92
Croquetas de go capeadas en tempura
   acompañadas de ensalada de rábano 92
Preparación del tempura 93
Chalupas de go. 93
Gorditas rellenas de go. 94
Sopes de go 94
Tortitas de go 95
Tofu
Bolitas de queso. 95
Chiles anchos rellenos de tofu o queso 96
Chiles pasilla rellenos de tofu y queso 96
Chiles poblanos rellenos de tofu y queso 97
Croquetas de papa 97
Empanizados de ternera de tofu. 98
Espagethi a la bolognesa 98
Flor de calabaza rellena 98
Nuggets de tofu 99
Omelette de tofu. 99
Papas rellenas. 99
Pastel de tofu 100

Peneques de queso con crema y guacamole 100
Peneques en salsa de jitomate 101
Queso fundido 102
Tofu a la marinera 102
Tofu al mojo de ajo en salsa de jitomate 102
Tofu arcoiris... 103
Verdura tempura 103
Okara
Albóndigas de okara 104
Bacalao de okara 104
Calabacitas con elote y okara........................... 105
Ceviche de okara cocido 105
Ceviche de okara crudo 106
Chalupas de okara 106
Croquetas de arroz y okara 106
Croquetas de okara.................................... 107
Enchiladas de okara................................... 107
Entomatadas con crema de soya 108
Gorditas rellenas de okara 108
Huazontles rellenos de okara........................... 109
Hamburguesas de okara............................... 109
Hojas de col rellenas de okara 110
"Jaibas" de okara..................................... 110
Kipe con trigo y soya.................................. 111
Longaniza de okara 111
Niño envuelto... 112
Okara con chayote 113
Chayotes rellenos de okara 113
Pastel azteca.. 113
Picadillo de okara..................................... 114
Picadillo de okara en coliflor........................... 115
Picadillo verde de okara................................ 115
Rollos de acelga....................................... 115
Sesos vegetarianos 116
Sopes de okara 116
Tamales con relleno de okara 117
Tamales de okara sin relleno 118
   Mole verde para acompañar al tamal................... 118

Taquitos de col y okara 119
Tortitas de okara con queso 119
Soya texturizada
Albóndigas vegetarianas 119
Bacalao vegetariano 120
Carne de soya con jitomate 121
Carne de soya en salsa de tomate 121
Carne de soya en salsa pasilla 122
Carnitas vegetarianas 122
Chícharos con carne 123
Chiles rellenos de picadillo de soya con papa 123
Ejotes con carne 124
Enchiladas verdes con picadillo 124
Entomatadas con queso y picadillo 125
Espinacas con carne 126
Habas con picadillo de soya 126
Habas en salsa verde con carne 127
Hamburguesas vegetarianas 128
Macarrón con picadillo 128
Picadillo vegetariano sencillo 129
Picadillo vegetariano a la mexicana 129
Tacos de picadillo 130
Tamales oaxaqueños 130
Torta árabe 131
Tortitas de acelgas 132
Tortitas de picadillo vegetarianas 132
Amaranto
Acelgas con pasas 133
Guisado de berenjenas 133
Berenjenas con aceitunas 134
Berenjenas con chile pimiento 134
Berenjenas con garbanzos 135
Berenjenas empanizadas con amaranto 135
Medias de berenjena 135
Borrecas con berenjena 136
Volován con berenjena 136
Brocoli gratinado 137
Calabacitas con flor de calabaza 137

Calabazas árabes 138
Calabazas rellenas 138
Coliflor capeada en salsa de jitomate 139
Crepas.. 140
    Relleno de flor de calabaza o huitlacoche 140
    Relleno de queso y champiñón 141
    Relleno de granos de elote y rajas 141
Chiles rellenos con flor de calabaza, elote y queso 142
Chiles rellenos de frijoles, queso y elotes 142
Ejotes con trigo 143
Elotes con rajas y queso............................. 143
Enchiladas verdes.................................... 144
Entomatadas con queso 145
Hamburguesas de acelgas 145
Nopales capeados con queso y salsa pasilla 146
Nopales con rajas.................................... 146
Pastel de espinacas.................................. 147
Rajas de chile poblano con papa 147
Tamales de amaranto 148
Tortillas de masa con amaranto....................... 148
Quesadillas.. 149
Quesadillas de champiñones 149
Quesadillas de queso con rajas 149
Quesadillas de frijol, queso y rajas 150
Quesadillas de papa con queso 150
Sopes sencillos...................................... 150
Sopes con frijoles................................... 151
Tacos de papa.. 151
Tortitas de trigo, soya y amaranto 152

VII. POSTRES 153
Leche de soya
Cajeta 153
Chongos 153
Dulce de leche semicortada 154
Okara
Buñuelos... 154

Empanadas 155
Pan de okara 155
Pay de piña 156
Kinako
Dulce chino de kinako 156
Mantequilla de kinako 157
Okara y amaranto
Arillos 157
Campechanas 158
Dulce de fruta 158
Dulce de limón 159
Flan 159
Galletas 159
Galletas de avena 160
Moños 160
Pan esponjoso 161
Postre de manzana 162
Rollo de pasas 162
Rosca 163
Harina de okara y amaranto
Panque 163
Polvorones 164
Tofu y amaranto
Galletas de tofu 164
Pay de tofu 165
Amaranto
Amaranto con bombón 166
Bisquets con amaranto 166
Dulce de alegría 167
Galletas de amaranto 167
Galletas de maíz 168
Galletas de naranja 168
Galletas de salvado 169
Hot cakes 169
   Miel para los hot cakes 170
Melcocha de plátano con amaranto 170
Pan de amaranto 171
Pastel de plátano con amaranto 171

Pay de frutas 172
Tamales de nuez o almendra 172

VIII. BEBIDAS 175
Bebidas con soya
Atole de coco 175
Batidos de tofu 175
Chocolate 176
Horchata 176
Leche de soya con ajonjolí. 176
Licuado de leche de soya con avena cruda remojada 177
Licuado de fruta con leche de soya 177
Soyafé. 177
Bebidas con amaranto
Atole de amaranto 177
Horchata de amaranto 178
Licuado de amaranto con fruta 178

IX. 43 AÑOS DE LABOR HUMANITARIA DEL DR. SWAMI PRANAVANANDA SARASWATI 179

PREFACIO

Quisiera empezar este prefacio comentando con todos ustedes, lectores de este libro de recetas vegetarianas de soya y amaranto, que mi madre, la Señora Mary Jerade, escribe con tanto gusto y amor, que para mí es un verdadero honor poder compartir estos pensamientos.

Mi madre ha practicado la yoga y llevado un régimen alimenticio sano desde hace 30 años, y siempre ha sido una mujer llena de fortaleza y mucho empeño en todo lo que hace. Día con día he recibido muchas muestras de los beneficios que produce seguir estas prácticas, por lo que mi madre se ha convertido en un ejemplo a seguir tanto para mí como para mis hijos y nietos. Es una mujer muy sana y feliz que siempre está bien y siempre se siente bien. En todo momento lleva presentes en su corazón las enseñanzas de su maestro, el Dr. Swami Pranavananda Saraswati, enseñanzas que la han convertido en una persona que siempre tiene sólo pensamientos positivos, los mejores deseos para todo el mundo y la disposición de compartir con todos nosotros las recetas de las comidas deliciosas que prepara y que han ayudado a tanta gente a cambiar su estilo de comer, adquiriendo un régimen alimenticio que además de estar lleno de valores nutritivos, es muy sabroso.

Gracias por permitirme cristalizar mis sentimientos.

Con mucho cariño
Lilia Jerade de Jafif

PROLOGO

A lo largo de los 30 años que he sido discípula de mi maestro de Yoga, el Dr. Swami Pranavananda Saraswati, y que he formado parte de las instituciones que ha fundado en México, como son Centro Yoga Universal Ciudad de México, A.C., Sociedad Yoga, A.C., Círculo Yoga Tapastana, A.C., y Stri Pragati Sanstha - Institución para el Progreso de la Mujer, A.C., he aprendido que desde tiempos muy remotos una civilización tan antigua como es la hindú, reconocía la importancia de una alimentación adecuada y la reflejaba en su estilo de vida.

Tratando de aplicar en mi vida personal los conocimientos recibidos, siempre he procurado tener una alimentación balanceada y un estilo de vida sano, y también siempre he procurado compartir con mis semejantes los conocimientos que he adquirido en mis años de estudio.

Esta nueva publicación consiste en recetas de soya y amaranto, alimentos que por su alto valor nutritivo y bajo costo en comparación con los de origen animal, nos pueden ayudar a complementar nuestra dieta, y a estar mejor nutridos.

Agradezco a la Químico Farmacobióloga Mary Guillén y a mi hermana, la Sra. Raquel Cameo por el apoyo que recibí para la elaboración de este octavo libro.

Mary Jerade
México, 1997

I. INTRODUCCION

Para tener salud física y mental tenemos que satisfacer las necesidades básicas del cuerpo, una de las cuales es una alimentación adecuada que nos proporcione todos los nutrientes necesarios, sin envenenar nuestro cuerpo. Es por eso que en este sentido, yo siempre he recomendado una dieta vegetariana, que por contener alimentos vivos como verduras y frutas frescas, granos y semillas, está libre de las toxinas de los animales muertos, no nos contamina y permite que todos los procesos que se llevan a cabo en el cuerpo, se efectúen de manera fácil, rápida y eficiente.

Una dieta adecuada es aquella que nos proporciona proteínas, grasas, carbohidratos, vitaminas y minerales. La deficiencia de cualquiera de estos nutrientes puede provocar diversas enfermedades. En muchas culturas y medios sociales una de las mayores carencias es la de proteína, ya que se piensa que sólo los productos de origen animal son los que la proporcionan, y como éstos en muchos casos son caros, la gente no la consume porque no sabe en qué otros alimentos se encuentra.

De las dietas a base de vegetales, frutas y leguminosas se sabe que tienen un alto contenido de vitaminas, minerales, grasas y carbohidratos, pero siempre se ha discutido su contenido de proteína, porque se considera que la que contienen es de baja calidad. Sin embargo, esto no es así. Las proteínas están formadas por la agrupación de unas sustancias químicas conocidas como aminoácidos, y para que las proteínas puedan formarse, necesitamos 20 aminoácidos en diferentes proporciones. Ciertos aminoácidos son esenciales en la dieta, y algunos otros no lo son porque en el organismo los podemos sintetizar en cantidades suficientes. Aunque en las proteínas del cuerpo humano están presentes numerosos aminoácidos, no es necesario que todos ellos se encuentren en los alimentos. Los aminoácidos esenciales o indispensables son: triptofano, trionina, isoleucina, leucina, lisina, metionina, cistina, fenilalanina, tirosina y valina, y parece ser que el cuerpo puede sintetizar los otros, que se denominan no indispensables. Algunos aminoácidos actúan como estimulantes del crecimiento, pero no son esenciales para la conservación del adulto; otros son intercambiables, y algunos precursores de otros.

El problema del contenido de aminoácidos en los vegetales, consiste en que frecuentemente carecen de uno o más de los aminoácidos esenciales, pero mezclándolos adecuadamente se pueden cubrir fácilmente todos los requerimientos. Por su proporción relativa de aminoácidos, el huevo es considerado por la FAO (Organización de las Naciones Unidas para la Agricultura y la Alimentación) como el prototipo de alimento proteico. Cuando se dice que los vegetales tienen proteínas de baja calidad, se hace referencia a una distribución inadecuada de los aminoácidos esenciales en comparación con el huevo, pero esto no implica que el organismo no pueda formar sus proteínas a partir de una mezcla adecuada de ellos.

Se puede decir que la ventaja de ingerir proteínas animales, simplemete lo constituye el hecho de que a partir de un solo alimento se cubren los requerimientos de aminoácidos esenciales, pero a esto los vegetarianos podemos objetar que la carne, por su bajo contenido de carbohidratos, vitaminas y minerales, no puede constituir tampoco un alimento completo, mientras que una dieta de vegetales bien balanceada sí puede cubrir todos lo requerimientos nutricionales del cuerpo humano.

Como se mencionó anteriormente, todos los aminoácidos son importantes, sean esenciales o no, y el organismo, ante la necesidad de un aminoácido no esencial, puede elaborarlo a partir de uno esencial. Es por esta razón que al elaborar el menú para una dieta bien balanceada, tenemos que tomar en cuenta que el contenido global de proteínas debe ser de un gramo por kilo de peso por día.

Entre las mejores proteínas de origen vegetal se encuentran la del frijol de soya y la del amaranto. Es por eso que en este libro les voy a proporcionar una amplia variedad de recetas elaboradas con ellos. La proteína del frijol de soya es entera y contiene los ocho aminoácidos esenciales. Combinándolo con algunos otros granos y semillas, nos proporciona proteína completa, por lo que usándolo se puede eliminar la carne de la dieta sin afectar la nutrición adecuada del cuerpo.

En el amaranto se encuentran disponibles en cantidades apreciables tres de los ocho aminoácidos esenciales: lisina, metionina y triptofan. Entre los granos conocidos, el amaranto tiene uno de los mejores balances de aminoácidos. (Se considera que 100 es el óptimo: el amaranto tiene 75, la soya 68, la leche de vaca 72, el trigo 60, y el maíz 44). Su proteína tiene una alta capacidad de digestión, aproximadamente 90%, y al combinarse con otros granos y elementos de las dietas vegetarianas aumentan la calidad y cantidad de la proteína ingerida.

Por su bajo costo y alto contenido de proteínas, la soya y el amaranto constituyen sin duda alguna una gran alternativa en la alimentación diaria.

Al preparar los alimentos tenemos que reflexionar en qué es comida, y qué es alimento:

- Comida es todo lo que se puede ingerir, masticar y paladear porque tiene un sabor atractivo, o puede satisfacernos un antojo o capricho. Actualmente se usan muchos productos técnicamente elaborados, que con el fin de que gusten y duren se combinan con productos químicos como colorantes, conservadores y saborizantes artificiales que corrompen los tejidos y células del cuerpo.

- Alimento es todo lo que nos da salud y energía para seguir funcionando en buenas condiciones. Se puede ingerir gran cantidad de comida, pero que representa poco alimento nutritivo. En este sentido, lo ideal es ingerir los alimentos en la forma más natural posible. El verdadero valor alimenticio lo tienen las frutas, las verduras y los granos, que son de fácil digestión y no producen putrefacción, ni fermentación en el organismo.

Para tener creatividad en la cocina y asegurarnos de que nuestra alimentación esté balanceada, necesitamos tener información acerca de las propiedades de los alimentos, de sus nutrientes, de los efectos que tienen sobre el organismo, etc. Al planear nuestro menú, debemos incluir en él los alimentos con los que logremos tener una comida completa que nos aporte todos los nutrientes necesarios.

El frijol de soya

El nombre "soya" proviene del que le daban los chinos en la antigüedad: sou. Se desconoce su origen, pero se supone que se originó en Mongolia o en el norte de China. Se considera como el grano más antiguo que haya cultivado el hombre. Hacia principios de este siglo, los japoneses empezaron a exportarlo a Occidente, y cuando comenzó a conocerse en los Estados Unidos, se le llamó "el oro de la tierra", porque es el mejor grano conocido hasta ahora para sustituir correctamente a las proteínas de origen animal.

El frijol de soya pertenece a la familia de las leguminosas. La semilla se encuentra dentro de la vaina, en grupos de tres a cinco frijoles, que cuando están tiernos parecen chícharos. El frijol maduro tiene varios colores: amarillo, café claro, café oscuro, negro y algunas veces es bicolor. Contiene de 34 a 36 por ciento más proteína de alta calidad que cualquier otro alimento de origen animal o vegetal, y una pequeña cantidad de los aminoácidos que contienen azufre, por lo que es conveniente que para complementarlo, especialmente al preparar tofu, se sirva acompañado de arroz, trigo y otros granos integrales. Su valor porteico es muy grande: un kilo de harina de soya tiene la misma cantidad de proteína que hay en 2 kilos de carne sin hueso, en 6 docenas de huevo, en 15 litros de leche, o en 2 kilos de queso. Además, cuesta muy poco en comparación con otros alimentos de origen animal.

Con el frijol de soya se pueden preparar varios alimentos similares en aspecto y valor proteico a los de origen animal, como son: leche de soya, go (masa de soya), tofu (queso de soya), okara (sobrante de la masa de soya), kinako (harina tostada de soya), salsa de soya, soya texturizada, etc. Más adelante explicaremos cómo se elaboran; en esta sección sólo hablaremos un poco de sus características.

El go o masa de soya es sumamente rico. Se puede decir que es la soya completa, pero pierde su potencia si no se usa inmediatamente. Para preparar platillos con go o masa de soya, lo mejor es moler el frijol en el metate. Como esto no siempre es posible, se puede usar también molino de mano y como último recurso, la licuadora. El go molido en licuadora queda poco consistente porque se le tiene que poner agua. Si va a preparar una sopa, este go puede hacer las veces de crema. Para preparar algo con más consistencia, tiene que revolver el go con pan molido. Si lo va a usar para preparar leche o fortificar la masa de maíz o de trigo, entonces no importa su consistencia.

De todos los productos de soya, el que mejor sustituye a la carne de cualquier tipo: pollo, pescado, res, ternera, puerco, etc., es el tofu. Los aminoácidos que contiene son muy similares a los de ésta, y hasta tiene caseína, la proteína de la leche. El tofu es una fuente excelente de calcio. Contiene 23 por ciento más que la leche de vaca, y minerales como hierro, fósforo, potasio, sodio, vitamina B y la vitamina grasa soluble E. Se puede preparar una provisión diaria de tofu, y con la práctica darle diferentes formas, texturas y sabores. Es un alimento muy versátil. Se adapta a todos los paladares y puede combinarse con todos los sabores.

La okara, o sobrante de la masa de soya, es de color cremoso, y si se muele perfectamente se parece a la masa del maíz. Su mayor virtud consiste en la fibra vegetal que posee, y que los médicos en la actualidad reconocen como importante para lograr una buena digestión. Este producto puede ser un alimento muy adecuado para resolver el problema de falta de fibra en la dieta. La okara contiene el 17 por ciento de las proteínas del frijol original, por lo que posee mucho valor nutritivo.

El kinako es el grano entero tostado y molido. Contiene 48% de proteína, mientras que los cacahuates 27% y las almendras 19%. Entero se puede usar en lugar de nueces para panes y galletas, y también como botana haciendo las veces de cacahuate. Molido se puede usar como pinole (con azúcar y canela), o como chocolate y café. El soyafé (café de soya) es una bebida fortificante muy buena, de sabor agradable, y que no excita al sistema nervioso, por lo que no quita el sueño, ni crea hábito. Como harina debe usarse en proporción de 10 ó 15% de la harina que se indique en sus recetas favoritas. Con esto estará aumentando en un 32% el contenido de proteína de sus recetas.

La soya texturizada y la salsa de soya se obtienen también del proceso de elaboración del frijol de soya, pero como se venden ya hechas y listas para usarse, uno se puede evitar el procedimiento de su elaboración. La soya texturizada es económica, sobre todo si se toma en cuenta su alto rendimiento, y se consigue en diferentes presentaciones: en trozos grandes, en forma de picadillo, etc. El sabor de este producto es distinto a los obtenidos por el proceso anterior, por lo que lo invitamos a que lo pruebe para darle más variedad a su menú. Antes de utilizarla debe ponerla a cocer a fuego lento en agua hirviendo con ajo y cebolla por 15 minutos. Una vez cocida, debe enjuagarla muy bien 2 ó 3 veces y exprimirla para que se le salga el agua en la que la coció, y sólo entonces usarla en los platillos en los que se sugiere, tratando de integrarla desde el inicio de elaboración para que tome sabor.

El amaranto

En los tiempos prehispánicos fue uno de los alimentos básicos de América. En México, para los aztecas el "huauhtli", o semilla del amaranto, era tan importante para la dieta humana como el maíz, el frijol y la chía, y constituía también su planta ceremonial más importante. Lo mezclaban con maíz tostado y aguamiel para formar tzoalli, masa con la que se formaban figuras de dioses, venados, pájaros y muchas más, las cuales se comían durante las ceremonias en los templos, o en las reuniones familiares. Tabién usaban la semilla molida junto con el maíz para preparar tamales, tortillas y atole.

En otros pueblos como el tarahumara y el cora, también adquirió gran importancia. Ellos lo llamaban Guegi.

Durante la época de la colonización española, el amaranto cayó en desuso porque las autoridades coloniales se encargaron de prohibir su cultivo; consideraban que los rituales en los que se utilizaba eran paganos, y no fue bien visto por la iglesia. El nombre de "dulce de la alegría" le viene del siguiente relato de la época: se dice que a Fray Martín de Valencia (1473-1534) se le ocurrió mezclarlo con miel de abeja, formando un dulce. Lo dio a probar a los indígenas, y a éstos les pareció tan sabroso, que cada uno que lo comía empezaba a bailar y a cantar de "alegría".

Hoy es conocido como amaranto, y actualmente se sabe que es un alimento complementario, rico en proteínas, de las cuales tiene entre un 12 y 17%. Este contenido es más alto que el del maíz, el trigo, el arroz y el centeno, entre otros. Las hojas de amaranto son unas de las más eficientes en convertir la energía solar en alimento, dando una mayor cantidad de nutrientes que otras hojas verdes. En los últimos años su valor nutritivo se ha medido con técnicas analíticas modernas, y se ha comprobado la alta calidad y cantidad de proteínas que contiene. La semilla contiene además mucho sodio, potasio, calcio, magnesio, zinc, cobre, manganeso, níquel y hierro. En cuanto a las vitaminas, contiene tiamina, riboflavina, niacina y vitamina C en cantidades similares a las de los cereales.

El amaranto es ideal para usarse como cereal para el desayuno combinándolo con leche fría y miel, cocido con avena, trigo, arroz o cebada, rociado sobre ensaladas crudas de verduras y frutas, licuado en salsas para elaborar diversos platillos, o revuelto entre los ingredientes, sobre nieves, helados o yogurth y en licuados. También puede usarse en dulces, panes o galletas. El amaranto y sus derivados no requieren de ninguna preparación previa, y puede conseguirse en diferentes presentaciones: en forma de semilla como tal, en harina, pastas para sopa, etc. Cuando se use harina de amaranto debe ponerse una cuarta parte de ésta por tres cuartas partes de otra harina: blanca, de trigo integral, maíz, etc. El harina también puede usarse para empanizar y para revolverse con la masa de tortillas y tamales, o para espesar cremas de verduras.

Porcentaje de proteína de algunos alimentos

Leche de vaca	3.7
Huevos	13.7
Amaranto	14.7
Carne de res	21.6
Frijol de soya	48.5

II. PROCEDIMIENTOS PREVIOS BASICOS

Comenzaremos nuestro recetario elaborando los productos que se obtienen del frijol de soya como son: go (masa de soya), leche de soya, okara (sobrante de la masa de soya), tofu (queso de soya) y kinako (harina de soya) (todos ellos llevan estos nombres por el origen oriental de la soya). Estos productos se obtienen dando a la leche distintas consistencias. Se puede decir que básicamente existen dos tipos de leche de soya: la que se elabora sin moler mucho el frijol para que queden residuos que al colarlos nos darán go y okara, y la que se elabora moliendo mucho el frijol para que no queden residuos, y obtener simplemente leche sola, o elaborar el tofu. El procesamiento de cualquiera de estos productos se hace en base a estos pasos:

1.- **Remojar el frijol de soya**
2.- **Pelarlo**
3.- **Molerlo o licuarlo**
4.- **Hervirlo**

Para la elaboración de estos productos, sólo se requieren ollas, servilletas de manta, coladera, molino de mano, licuadora, palitas y cucharas de madera.

Procesamiento del frijol de soya para obtener sus derivados: masa de soya (go), leche de soya, sobrante de la masa de soya (okara), queso de soya (tofu) y kinako (harina de soya)

Ingredientes:

Una taza de frijol de soya natural seco
La cantidad de agua necesaria para llenar una olla

Para poder elaborar cualquiera de estos productos, lo primero que debe hacerse es poner a remojar en un recipiente lleno de agua una taza de frijol de soya previamente lavado. El frijol debe remojarse por lo menos 5 horas, porque es muy duro y sólo así se logra ablandar. (Una taza de frijol seco se convierte en 2 1/2 tazas de frijol remojado).

El tiempo del remojo necesario puede variar por la temperatura del medio ambiente. Ajústelo al lugar en el que vive, tomando en cuenta que el tiempo de remojo es el correcto cuando el frijol se pueda partir con los dedos y sus dos caras aparecen planas y del mismo color.

Después de remojar el frijol el tiempo necesario, debe tirarse el agua en la que se remojó, pero puede ponérsela a las plantas, ya que es un buen fertilizante. Una vez tirada el agua, el frijol se pela machacándolo suavemente en un molcajete. No debe usarse mucha fuerza, ya que no se pretende molerlo, sino sólo quitarle la cáscara, la cual debe tirarse porque no debe consumirse; puede provocar flatulencia.

Cuando el frijol esté pelado, se enjuaga muy bien varias veces para que los productos que se vayan a elaborar no lleven ollejo. Además, también debe enjuagarse varias veces para que no le queden residuos del agua en la que se remojó. Como ya lo mencionamos, en caso de que se ingiera puede provocar malestar estomacal.

Go

El go es el primer producto que se obtiene del procesamiento del frijol de soya, y es la masa que se usa para la preparación de los demás productos. Para preparar go, el frijol remojado, pelado y enjuagado se muele en un molino de mano, metate o molcajete. Debe quedar convertido en una masa semejante a la del maíz. También se puede moler en licuadora, pero entonces tendrá que usar agua, y la masa quedará como una crema espesa. Entre más molida esté la masa, mayor será su rendimiento, y mejor la calidad de la leche o el tofu que prepare. La masa de soya o go pierde su potencia si no se usa inmediatamente. Si va a preparar leche, en cuanto tenga lista la masa debe echársela al agua hirviendo.

Una vez que haya preparado el go, el paso siguiente es su precocimiento. Cualquier platillo que se vaya a preparar con go, debe llevarlo después de haberlo cocido unos 15 minutos a fuego lento en una cantidad de agua que le permita que tenga la consistencia deseada para el platillo que vaya a elaborar. Recuerde que la masa del frijol de soya o go es sumamente rica: ahí está la soya completa.

Leche

Para preparar leche, se ponen a hervir tres tantos de agua por un tanto de masa de soya (go). Si se desea preparar leche espesa y cremosa, se utilizan dos tantos de agua por uno de masa de soya (go), y si se desea más diluida, 4 tantos de agua por uno de masa de soya (go).

Mientras el agua se calienta, el frijol remojado y pelado se muele en licuadora (para obtener go). Debe quedar como si fuera masa para tortillas. Se pone el agua suficiente para que el frijol se muela bien, y el agua que se emplee se le resta al agua que se está hirviendo. El frijol debe quedar muy bien molido para que no le queden residuos y no lo tenga que colar.

El frijol de soya molido en la licuadora se vierte en la olla de agua caliente, y se deja al fuego 30 minutos. Al poco tiempo de hacer esto la leche de soya soltará espuma, y al hervir subirá como lo hace la leche de vaca. Cuando esto sucede tiene que mover la leche con una cuchara de madera para que no se derrame. Cuando se acabe la espuma, la leche ya no se tirará. Al cumplirse los 30 minutos se retira del fuego y la leche ya está lista. Sólo tiene que dejarla enfriar y guardarla en el refrigerador. Una vez hervida, puede añadírsele un poco de dulce o canela para que su sabor se parezca al de la leche. Como la leche no se cuela, si en ese momento no se va a usar y se guarda en el refrigerador, seguramente se le juntarán en el fondo del recipiente unos cuantos residuos, por lo que antes se usarla debe moverla con una palita de madera para que los asientos que se formen se integren a la leche.

Con la leche de soya pueden prepararse rápidamente bebidas muy nutritivas que constituyen un alimento completo para un niño en edad escolar, bebidas que pueden constituir un desayuno perfecto antes de ir a la escuela.

Con esta leche también pueden prepararse postres, dulces, panes, salsas, atoles, etc.

Tofu

Si lo que quiere elaborar es tofu o queso de soya, debe seguir el mismo procedimiento que para la leche, pero en este caso, como la leche debe quedar sumamente delgada para que el tofu salga satisfactoriamente, debe poner a hervir 5 tantos de agua por uno de masa de soya (go). Para elaborar tofu, además de tener lista la olla para vaciar la masa de soya (go), también debe tener preparada otra olla sobre la que colocará una coladera, y sobre ésta una bolsa de manta humedecida. Además, la primera vez que ponga la masa de soya (go) al fuego debe dejarla ahí sólo hasta que suelte el primer hervor, y cuando esto suceda, debe retirar la olla del fuego y vertir la leche sobre la otra olla con la manta y la coladera para recoger el sobrante (este sobrante se llama okara, y se deja aparte). La leche que se recogió en la segunda olla se vuelve a poner a hervir 10 minutos y se mueve constantemente con la cuchara de madera.

A la leche hervida por segunda vez que ya se le ha colado la okara, se le añade muy despacio y recién retirada del fuego, 1/2 taza de jugo de limón ó 1/2 taza de vinagre. Conforme le vaya cayendo el limón o el vinagre, la leche debe cuajarse. Si no lo hace, agregue un poco más del cuajo que esté usando. En cuanto la leche se corte, deje de vaciarle el cuajo, porque si no lo hace el queso quedará muy ácido. Espere a que la leche termine de cuajar moviéndola suavemente para que el cuajo penetre hasta la parte baja de la olla. La leche se corta formando espesas nubes de cuajada, y adquiere una consistencia muy frágil.

Aparte se vuelve a tener preparada la primera olla con una coladera y otra servilleta mojada sobre la coladera. Con un cucharón se extrae el suero de la olla donde está la cuajada, ésta (que ya se ha convertido en queso de soya o tofu), se vierte sobre la coladera con la servilleta de manta. Se unen las puntas de la servilleta para juntarla y exprimirla cuidadosamente, a fin de que no se desintegre. Para darle forma, el queso de soya o tofu se puede comprimir con una tapadera sin soltar las puntas de la servilleta.

Sin abrir la servilleta, el queso de soya aún caliente se sumerge en agua fría y se deja así por un rato. El queso de soya estará listo cuando la tela pueda desprenderse sin romper o separar la cuajada. Si es necesario, vuelva a sumergirlo 10 minutos más en agua fría. Debe quedar una masa blanca y lisa.

El queso de soya se guarda en el refrigerador, en un contenedor lo suficientemente profundo para que el queso quede cubierto con agua. También puede congelarse, para lo cual debe seguir el siguiente procedimiento: debe exprimirlo muy bien y cortarlo en trozos, los cuales se colocan en una charola y se ponen a congelar durante 48 horas. Si se congela por menos tiempo, la textura no será buena. Después de este tiempo se sacan los trozos de tofu, se ponen en una bolsa de plástico y se guardan en el congelador por una semana. Su color cambiará de blanco a café. Para descongelarlo, debe colocarlo en un plato hondo y verterle agua caliente por los lados. Se deja reposar 5 minutos, se le tira el agua caliente y se le pone agua fría hasta cubrirlo. Así se debe proceder hasta que se descongele. Una vez descongelado se le debe sacar el agua colocándolo entre las manos. El tofu no debe volver a congelarse.

Si se desea conservar el tofu por varios meses, el procedimiento es el siguiente: después de congelar el tofu por 48 horas, se descongela como se indicó. Una vez descongelado se corta en trocitos, los cuales se acomodan en una charola sin que se toquen entre sí. Se ponen a secar en el horno durante 2 horas a fuego lento. Deben quedar bien secos y crujientes. Se pueden guardar en una bolsa de plástico por tiempo indefinido. Cuando lo quiera consumir debe rehidratarlo como se indicó anteriormente. (Con este procedimiento se produce la llamada soya texturizada, pero como se mencionó anteriormente, no es necesario que Ud. la elabore, porque ya la venden hecha.)

Okara

Como mencionamos anteriormente, el residuo que queda al colar el líquido para hacer leche de soya, se llama okara. Por lo tanto, si va a elaborar okara, muela menos el frijol para que le quede una masa con la que podrá preparar muchas recetas, además de que también se podrá hacer harina de okara. Para prepararla, la okara se orea, se tuesta ligeramente y se muele. Esta harina se puede guardar por muchos días, es muy alimenticia y útil para enriquecer no solamente el pan y las galletas, sino también los atoles, sopas, licuados, frijoles, verduras guisadas, salsas y postres en general.

Kinako

Para elaborar la harina de soya o kinako, se siguen los siguientes pasos: la cantidad de frijol que se desee moler se lava muy bien tres veces y se deja remojando toda la noche. Al día siguiente se enjuaga y se pone a secar al sol sobre una lata o toalla. Esto se hace con el fin de que se tueste mejor. Cuando está seco se tuesta sin aceite en un comal o sartén de preferencia grueso, moviéndolo constantemente con una pala de madera para que se tueste parejo. Cuando toma un color tostado claro, se quita del fuego, si se tuesta oscuro el grano se quema y amarga. Si se quiere usar como botana o para repostería, se deja entero. Si se quiere usar para hacer harina para repostería, pinole, chocolate o café, se muele lo más fino que se pueda, de preferencia en un metate o molino de mano. No se recomienda usar licuadora. Debe quedar una harina color crema o café claro.

Aclaración

A pesar de que los productos descritos se elaboran con frijol de soya natural, las recetas de esta leguminosa en su estado natural que incluiremos en este recetario, serán muy pocas. Y esto se debe básicamente a dos razones:

1.- El frijol de soya natural requiere de por lo menos 6 horas para cocerse, lo que implica un gasto exagerado e innecesario de combustible. Se puede usar olla de presión, pero aun así el procedimiento es tardado y costoso.

2.- Por su dureza y consistencia el frijol de soya es de difícil digestión. La forma en la que puede digerirse más fácilmente es si se muele o prepara en las diferentes formas que sugerimos en este recetario.

Sin embargo, si a pesar de ello usted desea preparar platillos con el frijol de soya en su forma natural, siga la siguiente recomendación:

Para evitar malestares estomacales, siempre póngalo a remojar toda la noche. Al otro día tírele el agua, pélelo, enjuáguelo varias veces y póngalo a cocer en agua limpia. Una vez que el frijol se haya cocido muy bien podrá prepararlo en la forma que más le agrade.

III. ADEREZOS, SALSAS Y BOTANAS

Frijol de soya

Crema de frijol de soya para untar

1 taza de frijol de soya natural cocido
2 cucharadas de cebolla finamente picada
2 rebanadas de jitomate
2 cucharadas de ajonjolí molido y tostado
2 ramas de perejil
Sal, pimienta y chile al gusto

Después de remojar el frijol de soya toda la noche, enjuagarlo, cocerlo y volver a enjuagarlo, se mezclan todos los ingredientes moliéndolos en metate, molcajete o molino de mano. Esta crema se usa para untar galletas saladas.

Go

Crema dulce de go

1/2 kilo de frijol de soya remojado toda la noche
2 litros de agua
Miel, la necesaria
Canela o vainilla al gusto

El frijol remojado, al que se le debe sacar el agua, se pela martajándolo suavemente en el molcajete, después se enjuaga muy bien para quitarle los residuos de cáscara y se muele en un molino de mano, metate o molcajete. Se hierve en 2 litros de agua hasta que queden como un litro y tres cuartos. Se cuela y se licúa con la miel. Se le da sabor de canela o vainilla al gusto.

Crema salada de go

1/2 kilo de frijol de soya remojado toda la noche
2 litros de agua
2 clavos
1 diente de ajo molido
Pimienta

El frijol remojado, al que se le debe sacar el agua, se pela martajándolo suavemente en el molcajete, después se enjuaga muy bien para quitarle los residuos de cáscara y se muele en un molino de mano, metate o molcajete. Se hierve en 2 litros de agua hasta que queden como un litro y tres cuartos. Se cuela y se licúa con el clavo, la pimienta y el ajo.

Leche de soya

Mayonesa de leche de soya

1/2 litro de leche de soya espesa
1/2 taza de aceite de maíz
1/2 cucharadita de sal
El jugo de un limón
1 cucharada de cada uno de los siguientes ingredientes: perejil picado, cebolla picada, ajo martajado o chile piquín al gusto.

Se coloca la leche de soya en la licuadora. Se añade el aceite poco a poco mientras se está batiendo. Cuando ya se vertió todo el aceite, se añade el jugo de limón y la sal. Debe quedar una crema espesa. Se puede quedar así, o agregarle perejil, cebolla, ajo, o chile piquín. Lo puede agregar por separado, o todo junto.

Requesón de leche de soya

2 litros de leche de soya
4 tazas de agua
1 cucharadita de sal

Después de preparar la leche como de costumbre, se deja en un recipiente de 18 a 36 horas para que se agríe y cuaje. Después de este tiempo, la cuajada del suero se cuela en una bolsa de manta y se deja escurrir durante 20 minutos. En tanto se ponen a hervir 4 tazas de agua con una cucharadita de sal. Al soltar el hervor, se mete la bolsa con la cuajada, se deja hervir a fuego lento 20 minutos y se saca después de habérsele exprimido bien el agua con una tapadera o pesa.

Yogurth de leche de soya

1 litro de leche de soya
1 yogurth comercial natural chico

Se pone a entibiar la leche y se le añade el yogurth. Se mueve hasta que se mezcle completamente con la leche. Se prende el horno, y cuando ya está caliente se apaga y se mete el yogurth para que se quede ahí toda la noche.

Leche y queso de soya

Crema dulce de leche de soya

1 taza de leche de soya
1/2 taza de queso de soya
3 cucharadas de miel de abeja, piloncillo o azúcar

Se muele el queso en molcajete. Después se bate todo lo demás en licuadora, incluyendo el queso. Se forma una crema exquisita que sirve como aderezo para postres, pasteles, etc.

Crema salada de leche de soya

1 taza de leche de soya
1/2 taza de queso de soya
1 cucharadita de aceite de maíz
Sal y pimienta al gusto

Se muele el queso en molcajete. Después se bate todo en licuadora, incluyendo el queso. Se forma una crema exquisita que sirve como aderezo para tacos, enchiladas, etc.

Tofu

Crema dulce de tofu

1 1/2 tazas de tofu
4 cucharadas de miel de abeja
1 pizca de sal
1/2 cucharadita de extracto de vainilla

Se muele todo en licuadora hasta que quede como una crema. Se usa para untar panes y galletas, para cubrir pasteles, o como relleno.

Guacamole con tofu

1 aguacate
1 taza de tofu
1 jitomate
1/4 de cebolla picada
1 diente de ajo picado
1 cucharada de cilantro picado
El jugo de un limón
Sal y pimienta
Un poco de aceite de olivo

El tofu y el aguacate se machacan. Se agregan los demás ingredientes mezclándolos muy bien.

Hojuelas de queso fritas

1 trozo grande de tofu
Aceite de maíz, el necesario

El queso se prepara como de costumbre y se deja de un día para otro. Se corta en rebanadas delgadas y se fríen hasta que se doren como papas fritas.

Mayonesa de tofu

1 taza de tofu
4 cucharadas de jugo de limón
4 cucharadas de aceite de maíz
1 diente de ajo martajado
1 cucharada de perejil picado
Sal y pimienta

El tofu se licúa con todo lo demás. Se deja reposar un rato, y después se adorna con perejil.

Kinako

Crema de harina de soya para untar

1 taza de harina de soya kinako
1/4 de taza de aceite de maíz o mantequilla derretida
1 pizca de sal
1/2 cucharadita de canela molida
3 cucharadas de agua

Se licúan todos los ingredientes. Se usa para untar pan, pasteles, frutas o cualquier postre.

Garapiñados

Frijol de soya tostado - la cantidad deseada
Azúcar o piloncillo rallado al gusto
Unas gotas de aceite de maíz
Una poca de agua

Se ponen a hervir los frijoles tostados con el azúcar o piloncillo. Al agua se le ponen unas gotitas de aceite para que el dulce no se apelmace. Se mantienen a fuego lento, sin dejar de mover con una pala de madera. Se dejan en el fuego hasta que se consuma el agua. Mientras tanto, una superficie dura y lisa se humedece para que en cuanto los frijoles se retiren de la lumbre, se rueden sobre ella para que se envuelvan parejo en el dulce. Se dejan enfriar y se sirven como botana.

Pinole

Harina de soya - la cantidad deseada
Canela en polvo, al gusto
Azúcar, la necesaria
Una pizca de sal

A la harina de soya se le agrega canela en polvo, azúcar al gusto y una pizca de sal. Es un alimento muy sano, ideal para que los niños lo consuman en lugar de golosinas. También se puede usar para espolvorear galletas y pasteles.

Soyahuates

Frijol de soya tostado - la cantidad deseada
Aceite de maíz y chile piquín, lo necesario
Sal al gusto

Una vez que los frijoles de soya estén tostados, se fríen en aceite caliente, se escurren, se les quita el exceso de grasa y se sirven como botana con sal y chile piquín.

Amaranto

Aderezo de aguacate

2 aguacates machacados
2 jitomates finamente picados
1 cebolla mediana finamente picada
1 chile jalapeño finamente picado
1 ajo finamente picado

2 cucharadas de cilantro finamente picado
1 cucharada de aceite de maíz
1/2 limón (el jugo)
1/2 cucharadita de sal
1 pizca de pimienta negra
2 cucharadas de amaranto

Se mezclan todos los ingredientes. Se sirve para acompañar ensaladas.

Aderezo con amaranto y salsa de soya

1 taza de amaranto
3 cucharadas de salsa de soya
1 cucharadita de mostaza
1/2 cucharadita de yerbabuena molida
1/2 cucharadita de orégano molido
2 dientes de ajo molidos
1 cebolla chica picada
2 cucharadas de aceite de olivo
El jugo de un limón

Se revuelven todos los ingredientes y se refrigera por dos horas antes de servirse.

Ajonjolí y amaranto con garbanzo

1 taza de ajonjolí
1 taza de amaranto
1 taza de garbanzo cocido
2 limones (el jugo)
1 ajo molido
Sal al gusto

El garbanzo cocido, se pela y se licúa con un poco de agua para que quede espeso. Por separado, al ajonjolí y al amaranto se le ponen el limón y el ajo molido, y se revuelven con el garbanzo. Se sirve acompañando ensaladas de verduras crudas o cocidas.

Almendrado con ajonjolí

150 gramos de ajonjolí tostado
2 chiles morita hervidos y desvenados
1 cebolla chica picada
2 dientes de ajo
4 cucharadas de amaranto
6 jitomates hervidos
Aceite de maíz, el necesario
Sal al gusto

Se licúa el ajonjolí con una poca del agua en la que se hirvieron los chiles morita. Después se agrega todo lo demás, se vacía en una cacerola con un poco de aceite y se pone a sazonar con un poco de sal. Es delicioso para acompañar al arroz.

Salsa blanca

2 cucharadas de mantequilla
2 cucharadas de harina
1 cucharada de amaranto
1/4 de cucharadita de nuez moscada
2 cucharadas de amaranto
Sal y pimienta
Leche, la necesaria

Se derrite la mantequilla y en ella se dora ligeramente la harina. Se agrega la leche sin dejar de mover, para que no se formen grumos. Se deja hervir durante diez minutos y se le pone sal, pimienta y la nuez moscada. Se debe servir caliente.

Salsa hindú

1/4 de taza de amaranto
1/4 de taza de aceite de maíz
3 cucharadas de jugo de limón
1/4 de cucharadita de cominos molidos
1/4 de cucharadita de semilla de cilantro en polvo
Sal al gusto

Se mezclan todos los ingredientes y se sirve inmediatamente. Este aderezo no debe preparse con anticipación, ya que pierde su sabor.

Salsas picantes

Salsa de chile cuaresmeño

1 kilo de chile cuaresmeño
Aceite de maíz, el necesario
Sal al gusto

Se lava el chile y se le sacan las semillas. Se licúa con sal en muy poca agua. En un recipiente se pone a calentar un poco de aceite, se vacía el chile y se hierve a fuego suave hasta que quede espeso. Se enfría y se mete al refrigerador. Al día siguiente se congela en recipientes tapados para utilizarla en las cantidades que vaya requiriendo.

Salsa de chile pasilla

3 chiles pasilla tostados y desvenados
2 dientes de ajo
Agua, la necesaria
Sal y queso añejo al gusto

Se muelen todos los ingredientes, de preferencia en molcajete. Si tiene tofu disponible, agréguelo.

Salsa de tomates verdes

10 tomates verdes pelados
2 dientes de ajo
1 cebolla pequeña
2 chiles serranos
4 ramitas de cilantro
Sal al gusto

Se muelen todos los ingredientes, menos el cilantro, de preferencia en molcajete. Se pica el cilantro para que adorne la salsa antes de servirla.

Salsa de jitomate

2 jitomates medianos
1 cebolla chica
1 rama de epazote
2 chiles verdes cuaresmeños
1 diente de ajo
Sal al gusto

Se muele todo junto y se vierte en una salsera.

Salsa a la vinagreta

1/2 taza de aceite de maíz
2 cucharadas de vinagre de manzana
1 diente de ajo martajado
1/2 cucharadita de mostaza
1 cucharadita de azúcar
1/4 de cucharadita de yerbabuena seca
El jugo de un limón
Alcaparras al gusto
Sal y pimienta al gusto

Se mezclan todos los ingredientes en un recipiente de cristal y se tapan. Se dejan macerar. Se agita antes de servir.

Salsa de jitomate con queso

2 jitomates asados
3 chiles serranos asados
1 trozo de cebolla
1 diente de ajo
1 pedazo de queso panela o fresco
1 pedazo de tofu
1 cucharada de aceite de maíz
Sal al gusto

Se licúan los jitomates, chiles, cebolla, ajo y sal, y se fríe en el aceite caliente. Cuando empieza a hervir se le agregan el queso y el tofu en rebanadas.

Aderezo de chile pasilla y amaranto

3 chiles pasilla ligeramente tostados, desvenados
  y desmoronados
1 cucharadita de amaranto
2 dientes de ajo molidos
1 cucharadita de mostaza
1 cucharadita de vinagre
1 cucharadita de aceite de oliva
1 cucharada de salsa de soya
Pimienta y sal al gusto

Se revuelven todos los ingredientes y se vierten en una salsera.

IV. ENSALADAS

Frijol de soya

Ensalada de frijol de soya

2 tazas de frijol de soya cocido
2 cucharadas de perejil picado
1 rama fresca de yerbabuena
2 dientes de ajo
1/4 de taza de aceite de olivo
1 cebolla chica finamente picada
El jugo de dos limones

Se machaca el ajo y se bate con el aceite de olivo. Esta mezcla se revuelve con el frijol de soya y el resto de los ingredientes. Se adorna con el perejil, la yerbabuena y la cebolla.

Ensalada de frijol de soya con aguacate

2 tazas de frijol de soya cocido
1 pimiento picado
2 cebollitas de cambray picadas
1/2 aguacate cortado en cuadritos
Jugo de limón al gusto
Salsa de soya al gusto

Se mezclan todos los ingredientes.

Leche de soya

Ensalada de espinacas con aguacate

2 manojos grandes de espinacas
1/2 aguacate
2 ramas de apio
1/2 pimiento verde
1/2 taza de leche de soya
2 cucharaditas de jugo de limón
1/2 taza de amaranto

Se lavan muy bien las espinacas y se parten en tiritas. Aparte se licúan todos los ingredientes y se muelen hasta que quede una crema que servirá como aderezo a las espinacas. Adornar con amaranto.

Ensalada rusa

1/2 taza de mayonesa de leche de soya
4 papas medianas cocidas y picadas en cuadritos
2 zanahorias medianas cocidas y picadas en cuadritos
1/2 cebolla picada finamente
1 huevo cocido picado
5 ramas de perejil picado
Sal y pimienta al gusto

Se mezclan todos los ingredientes y al final se agrega sal y pimienta al gusto.

Okara

Ensalada de berenjenas

1 taza de okara
2 berenjenas chicas
4 dientes de ajo
2 limones (el jugo)
2 cucharadas de perejil picado

1/2 taza de rábanos picados
2 cucharaditas de aceite de olivo
Sal al gusto

Se asan las berenjenas, se pelan y se cortan en rodajas. Se bañan con ajo machacado, limón y aceite. Se adornan con perejil, rábano y okara.

Ensalada de berros

1 taza de okara
1/2 kilo de berros muy bien lavados, desinfectados y picados
1 lechuga bien lavada, desinfectada y picada
2 jitomates grandes
1/2 taza de cilantro picado
1 cebolla mediana rebanada
1 limón (el jugo)
2 cucharadas de aceite de olivo
2 dientes de ajo picados
2 aguacates grandes pelados y cortados en cuadritos

En una ensaladera se mezclan todos los ingredientes y se adereza con aceite y el jugo de limón.

Ensalada de berros con nuez

1 taza de okara
1/2 kilo de berros muy bien lavados, desinfectados y picados
1 puñado de nuez picada (o frijoles de soya tostados)
2 cucharadas de miel de colmena
1 yogurth chico (de preferencia de soya)
1 taza de amaranto
El jugo de un limón

Se pica la fruta, se le pone el jugo de limón y se mezcla con las nueces, el amaranto y la miel de colmena. Al último se agrega el yogurth y se revuelve bien.

Ensalada de chícharos

1 taza de arroz cocido
1 taza de okara
300 gramos de chícharos cocidos
3 jitomates partidos en cuadritos
1/2 taza de cebolla finamente picada
1 cucharada de mostaza
1 cucharadita de aceite de olivo
Sal y pimienta al gusto

Se mezclan el arroz, la okara, los chícharos y el jitomate. Aparte se mezclan el aceite con la mostaza, la sal, la pimienta y la cebolla. Con esta mezcla se adereza la ensalada.

Ensalada de ejotes

2 tazas de ejotes cocidos y picados
1/2 taza de okara
1 cebolla morada cortada en rodajas
1 cucharada de aceite de olivo
4 cucharadas de jugo de limón
1 lechuga chica
1 taza de crema
1/2 taza de mayonesa
20 aceitunas negras picadas
2 cucharadas de rábano picado
Una pizca de mostaza en polvo

Se mezclan los ejotes con la cebolla, el aceite, el limón y las aceitunas. Por separado se hace una salsa revolviendo los demás ingredientes, menos la lechuga. En un platón se forma una cama con las hojas de lechuga, y en el centro se acomodan los ejotes rociándolos con la salsa preparada.

Ensalada de pepino con aguacate

1 taza de okara
1 pepino rebanado en rodajas finas
3 jitomates medianos martajados en el molcajete

2 dientes de ajo martajados
3 cucharadas de aceite vegetal
1/2 taza de pan molido
1 aguacate rebanado en rodajas
El jugo de un limón

Se pone okara a hervir por 10 minutos en 1/2 taza de agua. Aparte, todos los demás ingredientes, (excepto el pepino y el aguacate) deben martajarse en el molcajete (en la licuadora no quedan bien). Se revuelve todo y se le añade la okara cocida. En tiempo de calor es una ensalada muy fresca y apetitosa que puede servirla también como sopa fría.

Ensalada de tomates

1 taza de okara
10 tomates verdes cortados en rebanadas delgadas
2 pepinos cortados en rebanadas delgadas
2 zanahorias ralladas
1 manojo de perejil finamente picado
20 aceitunas picadas
1 cebolla finamente picada
1/4 de cucharadita de comino en polvo
Sal y aceite de olivo al gusto

Se mezclan todos los ingredientes en una ensaladera, excepto las aceitunas y el comino. La mezcla se sazona con sal y aceite de olivo al gusto. Se adorna con las aceitunas y el comino en polvo.

Tacos de lechuga

4 hojas de lechuga
1/2 taza de nueces remojadas y picadas
1 rama de apio picado
1 zanahoria rallada
1/2 calabacita rallada
2 cebollitas picadas

Aderezo:

Se mezclan los siguientes ingredientes:

1 cucharada de salsa de soya
1 cucharada de jugo de limón
1/2 cucharadita de albahaca

Se mezclan todos los ingredientes para los tacos de lechuga y se sazonan con el aderezo. Se rellenan las hojas de lechuga y se sirven inmediatamente.

Tofu

Ensalada de papa

1/2 kilo de papa cocida y pelada
1 taza de tofu cortado en cuadritos
3 dientes de ajo
3 cucharadas de perejil finamente picado
2 huevos cocidos
1 cucharada de aceite de oliva
El jugo de un limón
Sal al gusto

Las papas se cortan en cuadritos. Aparte se machacan los ajos y se le agrega jugo de limón, aceite y sal. Esta mezcla se revuelve con la papa y después se agrega el tofu. La ensalada se adorna con perejil y huevo cocido cortado en rodajas.

Ensalada de queso y pimientos

1 taza de queso cottage
1 taza de tofu en cuadritos
1 pimiento rojo cortado en tiras
1 pimiento verde cortado en tiras
1 lechuga romana
2 cucharadas de aceite de oliva
El jugo de un limón
Sal de ajo, de apio y de cebolla al gusto

Se revuelven los quesos, pimientos y sales. Aparte, se preparan las hojas de lechuga lavándolas y desinfectándolas muy bien, y aderezándolas con jugo de limón, aceite de olivo y sal. En una charola se forma una cama con las hojas de lechuga y sobre ella se coloca la mezcla de quesos.

Salsa de soya

Ensalada atómica

2 aguacates picados
1 manojo de cilantro picado
1 manojo de cebolla de rabo rebanada
2 chiles serranos picados
1 chorrito de aceite de maíz
Salsa de soya al gusto

Se revuelven todos los ingredientes.

Ensalada de berros

1 manojo mediano de berros
1 aguacate rebanado en gajos
1 manojo de cebollitas de rabo rebanadas
1/2 taza de salsa de soya

Se vacía la salsa de soya en una ensaladera. Se agregan los demás ingredientes y se revuelven muy bien para que queden impregnados con la salsa de soya.

Ensalada de brocoli, apio y papa

2 tazas de brocoli en ramitas, cocido
3 papas cocidas peladas y cortadas en cuadritos
3 ramas de apio partidas en trozos
1 lechuga romana partida en trozos chicos
3 cucharadas de aceite de maíz
1/4 de taza de salsa de soya
1 pizca de pimienta

Se revuelven todos los ingredientes.

Ensalada de calabaza y rábano

1 lechuga partida en trozos
3 calabazas cocidas en rebanadas delgadas
1/2 taza de rábanos en rebanadas delgadas
3 cebollitas de rabo en rebanadas delgadas
2 cucharadas de queso chihuahua
2 cucharadas de aceite de olivo
1 cucharada de salsa de soya
1/2 cucharadita de sal
1 ajo molido
1 pizca de pimienta negra

Se incorporan todos los ingredientes arriba mencionados.

Ensalada de coliflor y aguacate

1 coliflor mediana en ramitas, cocida
2 cucharadas de salsa de soya
2 cucharadas de aceite vegetal
1 cucharadita de sal
1 pizca de pimienta negra
2 cucharadas de nuez picada
Hojas de lechuga francesa

En una ensaladera se coloca una cama de hojas de lechuga. Se mezclan el resto de los ingredientes y se colocan sobre las hojas de lechuga. Se rocía con el aderezo de aguacate y se añade la nuez.

Ensalada de champiñón y espinaca

1/2 kilo de espinaca fresca partida en trozos
3 tazas de champiñón fresco rebanado
1 pizca de pimienta negra
1 ajo molido
3 cucharadas de aceite de maíz
2 cucharadas de salsa de soya

Se incorporan todos los ingredientes.

Ensalada de chayotes a la mexicana

4 chayotes cocidos, pelados y partidos en cuadritos
1 jitomate partido en cuadritos
2 chiles serranos picados
1/4 de cebolla picada
1 cucharada de aceite de maíz
Salsa de soya al gusto

Se incorporan todos los ingredientes arriba mencionados.

Ensalada de espinaca

1 manojo de cebolla de rabo rebanada
1/2 taza de salsa de soya
1 pizca de pimienta blanca
1/2 kilo de espinaca fresca partida en trozos a su gusto

Se vacía la salsa de soya en una ensaladera. Se agregan los demás ingredientes y se revuelven muy bien para que queden impregnados con la salsa de soya.

Ensalada de espinaca y nopales con chile guajillo

3 chiles guajillos cortados en trozos delgados y fritos en aceite hasta dorarse
3 tazas de nopales cocidos y partidos en cuadritos
1/2 kilo de espinaca fresca partida en trozos
1 manojo de berro
1 cebolla morada chica rebanada en aros
1 taza de rábanos rebanados
1 1/2 tazas de queso panela partido en cuadritos
1 aguacate rebanado

Aderezo:

1/4 de taza de aceite de olivo
2/3 de taza de vinagre
1 ajo molido
1 cucharada de salsa de soya

1/4 de cucharadita de pimienta negra
El aceite donde se frieron los chiles

Se revuelven todos los ingredientes del aderezo y se mezclan con el resto de los ingredientes.

Ensalada de habas

1 kilo de habas chicas
3 cucharadas de aceite de maíz
1 cebolla picada
1 jitomate picado
1 chile verde picado
1/4 de taza de salsa de soya
1 pizca de cominos
El jugo de un limón
Sal al gusto

Se ponen a cocer las habas con un chorro de aceite, sin sal y sin destapar la olla para que no se pongan oscuras. Cuando estén listas, se les deja una poca del agua en la que se cocieron y en la misma olla se agregan los demás ingredientes. Se revuelve todo muy bien y se sirve fría.

Ensalada de rosca de verduras al vapor

1 coliflor chica en ramitas y cocida al vapor
1 kilo de brocolí en ramitas y cocido al vapor
6 zanahorias cocidas al vapor, peladas y rebanadas
1/2 kilo de ejotes cocidos y partidos en trozos medianos
1 cucharada de aceite de maíz
Salsa de soya al gusto

Un molde de rosca teflón se unta con aceite, y en él se coloca primero el brocolí sin dejar espacio y presionando firmemente con la palma de la mano hasta que quede comprimido. Se le vacía encima un poco de salsa de soya. En seguida se coloca la zanahoria comprimiéndola también, y se hace lo mismo con la coliflor y los ejotes.

El molde se refrigera cuatro horas, y poco antes de servirla se sumerge el molde en agua caliente para que la rosca se desmolde fácilmente en un platón, procurando que no se desbarate. Se sirve con el guisado de su preferencia.

Amaranto

Ensalada de berenjena asada

2 berenjenas grandes
1 jitomate mediano picado
1/2 cebolla chica picada
1 chile pimiento picado
1/4 de taza de amaranto
1 pizca de comino
3 cucharadas de aceite de maíz
Sal al gusto

Se pone a asar la berenjena, volteándola de vez en cuando hasta que se sienta blandita y con la cáscara casi negra por todos lados. Se pela bajo un chorrito de agua y ahí mismo se abre por la parte del centro con las manos y se le va quitando toda la semilla. Se pica. Aparte se revuelven todos los demás ingredientes y se le agregan a la berenjena.

Ensalada de berenjena frita

2 berenjenas
1 rama de apio cortado en tiritas
1 chile morrón cortado en tiritas
1 taza de champiñones rebanados en pedazos grandes
10 aceitunas negras
200 gramos de queso panela cortado en cuadros
1 manojo de cebollitas de cambray partidas en rebanadas
1/2 taza de amaranto

Aderezo:

El jugo de 2 o tres limones
Sal de soya al gusto

Se fríen las berenjenas con todo y cáscara, y cuando están listas se cortan en pedazos grandes y se les revuelven el resto de los vegetales. Por separado se prepara el aderezo revolviendo muy bien los ingredientes, y se agrega a las verduras antes de servirlas.

Ensalada de ejotes

1/4 de kilo de ejotes cocidos y partidos
2 zanahorias cocidas y rebanadas
1/2 manojo de cebolla de rabo rebanada
1 jitomate picado
2 cucharadas de amaranto
2 cucharadas de aceite de maíz
El jugo de un limón
Sal y pimienta al gusto

Se revuelven muy bien el aceite, el jugo de limón, la sal y el comino. Por separado se revuelven el resto de los ingredientes y se les agrega el aderezo.

Ensalada de espinaca con tortilla y queso

1/2 kilo de espinaca fresca
50 gramos de nuez
2 tortillas partidas en cuadritos y fritas en aceite
1 chile guajillo tostado desvenado y desmoronado
1 puñito de ajonjolí
3 cucharadas de amaranto
1 aguacate rebanado
100 gramos de queso panela partido en cuadritos
Aderezo al gusto

La espinaca se lava y se pica en trozos medianos. Por separado se fríen la nuez y el ajonjolí. Se incorporan a la espinaca, se añaden el chile guajillo, la tortilla, el aguacate, el queso y el amaranto. Se agrega el aderezo y se revuelve bien.

Ensalada de jícama

2 jícamas cortadas en rebanadas delgadas
3 huevos cocidos
1 pimiento morrón
2 cucharadas de perejil picado
2 cucharadas de nuez picada
1 1/2 tazas de amaranto
3 cucharadas de mayonesa
El jugo de un limón
Sal al gusto

A las rebanadas de jícama exprímales el limón y sazónelas con sal. Los huevos cocidos se pelan y se rebanan en tres partes cada uno, poniendo una rodaja sobre cada rebanada de jícama y embarrándola de mayonesa. Se adorna con rajas de pimiento. Se espolvorea todo con la nuez, el perejil y el amaranto.

Ensalada de nopalitos

10 nopales tiernos limpios, sin espinas
1 taza de amaranto
2 jitomates rebanados
1 manojo de cilantro picado
1 cebolla mediana rebanada
8 rebanadas de queso panela o tofu
2 aguacates
El jugo de un limón
Sal y aceite de olivo al gusto

Los nopales se cortan en cuadritos pequeños, y se ponen a cocer en poca agua con sal, o al vapor. Se escurren y se dejan enfriar. Se sazonan con sal, aceite de olivo y jugo de limón. Se les revuelve el amaranto. Se adornan con cilantro, cebolla, jitomate, aguacate y queso.

Ensalada de papa con apio

4 papas grandes cocidas, peladas y rebanadas
1/2 cebolla chica picada
1 taza de apio picado

2 cucharadas de amaranto
1 pizca de pimienta blanca
1 chorrito de aceite de maíz
El jugo de 2 limones
Sal al gusto

En un recipiente se mezclan el aceite, el jugo de limón, la sal y la pimienta. A este aderezo se agregan las verduras y el amaranto y se revuelve todo muy bien.

Ensalada de verduras crudas

1 coliflor chica en ramitas
1 manojo chico de berros
1/4 de kilo de espinaca cruda en trozos
3 calabazas crudas rebanadas
1 manojo de cebolla de rabo rebanada
1/4 de kilo de champiñón crudo en rebanadas
50 gramos de nuez picada
1/2 taza de amaranto
3 cucharadas de aceite de maíz
Sal y pimienta al gusto
El jugo de un limón

En un recipiente se revuelven muy bien el aceite, el jugo de limón y la sal. Se agrega la cebolla y después las demás verduras, revolviendo muy bien. Por último se agregan la nuez y el amaranto.

Ensalada mexicana

1 jitomate picado
1/2 cebolla chica picada
1 aguacate picado
3 cucharadas de amaranto
1 manojo de cilantro picado
2 chiles serranos picados
Un chorrito de aceite de maíz
Sal al gusto

Se revuelven todos los ingredientes.

Ensalada roja y negra

1 manojo grande de berros en ramitas
1 1/2 tazas de champiñones frescos
1 taza de aceitunas negras sin hueso
5 jitomatitos en mitades
1/2 taza de amaranto
Aderezo al gusto

En un recipiente se revuelven muy bien todas las verduras y se mezclan con el aderezo.

Jocoque con pepino y yerbabuena

1 kilo de yogurth o jocoque hecho en casa
3 pepinos picados
1 puñito de yerbabuena seca
4 cucharadas de amaranto
Sal al gusto

Se revuelven todos los ingredientes.

Ensaladas de fruta

Ensalada de frutas

1/4 de kilo de papaya
1 manzana con cáscara
1/2 mamey
1 plátano
1/2 melón
1 zapote negro
1 rebanada chica de sandía
1 mandarina ó 1 naranja
1 pera
1 guayaba
5 ciruelas pasa
10 almendras peladas

10 nueces
1 taza de amaranto
Miel al gusto

Se cortan todas las frutas en cuadritos, se colocan en un platón, se agrega el amaranto y se revuelve todo muy bien. Se adorna con las almendras, las nueces picadas y la miel.

Ensalada de frutas con yogurth

1 yogurth chico
1 taza de amaranto
2 naranjas
2 plátanos
2 rebanadas de piña
1 puñado de nueces
2 cucharadas de miel
El jugo de un limón

Se pica la fruta finamente, se le pone el jugo de limón y se mezcla con las nueces, la miel y el amaranto. Al último se agrega el yogurth. Se revuelve todo muy bien y se sirve.

Ensalada de plátanos

4 plátanos
1/2 taza de amaranto
2 limones (el jugo)
4 cucharadas de aceite de oliva
1/2 taza de leche evaporada
1 pizca de sal
1 pizca de pimienta
1 pizca de azúcar

Se pelan los plátanos y se cortan en rodajas. Aparte se mezcla el jugo de limón con el aceite y la leche evaporada, la sal, la pimienta, el azúcar y el amaranto. Todo esto se mezcla con el plátano y se deja reposar un momento.

Ensalada en base de melón

1 melón
2 naranjas
2 manzanas
1 plátano
1 pera
2 rebanadas de piña
50 gramos de nuez picada
1 clara de huevo
1 cucharadita de azúcar glass
1 taza de amaranto
Algunas uvas
Azúcar morena al gusto

Se parte el melón en dos y se le saca la pulpa con cuidado, de modo que después las cáscaras nos sirvan como plato. Se pica toda la fruta, menos las uvas, y se revuelven muy bien. A todo esto se le agrega el azúcar morena, las nueces y el amaranto. Se deja reposar 1 hora. Las mitades de los melones se llenan con esta ensalada, y antes de servirse se adornan con las uvas, las que a su vez se adornan sumergiéndolas en la clara de huevo y espolvoreándolas con azúcar glass.

V. SOPAS

Frijol de soya

Sopa de fideo con caldo de frijol de soya

125 gramos de fideo
3 cucharadas de aceite de maíz
1/4 de kilo de jitomate
1 cebolla
1 diente de ajo
150 gramos de frijol de soya cocido
50 gramos de queso añejo
1/2 cucharadita de orégano
Sal y pimienta al gusto

El frijol ya cocido se muele y se le agrega el agua necesaria para formar 1 1/2 litros de caldo no muy espeso. Se fríe el fideo. Cuando se dora, se le agrega el jitomate asado molido con la cebolla y el ajo. Cuando espese, se añade el caldo de frijol y se deja hervir a fuego lento. Cuando el fideo se cuece, se retira la olla del fuego, se le agrega el queso rallado y el orégano molido.

Sopa de frijol

1/4 de kilo de frijol de soya cocido
4 tortillas cortadas en rombos
1 cebolla finamente picada

2 ajos finamente picados
4 cucharadas de aceite
1 rama de epazote
1 cáscara de aguacate
Sal al gusto

Se licúan los frijoles con la cáscara de aguacate. Se acitronan la cebolla y el ajo. Se agregan los frijoles licuados, la sal y la rama de epazote y se deja que hierva 5 minutos. Se fríen las tortillas cortadas en rombo. La sopa se sirve caliente con los rombitos de tortilla.

Go

Sopa de go

2 tazas de go
1 cebolla cortada en rodajas finas
1/2 zanahoria cortada a lo largo y luego en medias lunas
3 hongos rebanados finamente
1/2 taza de apio finamente picado
1 chayote cortado en cuadritos
4 tazas de agua
2 cucharadas de aceite de maíz
Sal y pimienta al gusto

Se acitrona la cebolla, se agregan la zanahoria, los hongos, el apio y el chayote. Cuando el chayote está cocido se añaden el go y el agua. Se deja a fuego lento 15 minutos. Al último se le ponen la yerbabuena, la sal y la pimienta.

Sopa de cebolla y go

2 tazas de go
4 cebollas rebanadas en rodajas
3 1/2 tazas de agua o leche de soya
3 cucharadas de salsa de soya
1/2 taza de queso chihuahua rallado
2 cucharadas de aceite de maíz
Cuadritos de pan integral ligeramente fritos en mantequilla

Se pone a acitronar la cebolla. Se añade el go y se fríe 10 minutos a fuego lento. Se agrega el líquido y se deja hervir lento otros 10 minutos a fuego lento. Se agregan la sal, la pimienta y el queso, y se deja otros 5 minutos. Mientras tanto, se fríen los cuadritos de pan en mantequilla, se les quita el exceso de grasa, se dejan secar y se añaden a la sopa, dejándola reposar un rato antes de servirla.

Leche de soya

Crema de elote

2 elotes desgranados
1 papa mediana
1 zanahoria mediana bien picada
2 tazas de agua
1 taza de leche de soya
1 cucharada de mantequilla
1 pizca de sal
1 pizca de pimienta
Unos cuadritos de tofu pasados por harina preparada con
 sal y pimienta, y fritos en un poco de aceite de maíz
Unas ramas de perejil

Los granos de elote, la papa, la zanahoria y el agua se cuecen unos 20 minutos. Cuando las verduras estén cocidas, se licúan nuevamente con la leche de soya y se vuelven a poner en la olla. Debe quedar una crema espesa. Se añaden mantequilla, sal, pimienta, queso de soya y perejil. Se deja dar un hervor más, y ya está lista.

Esta misma crema se puede preparar con otras verduras como calabacitas, zanahorias, espinacas, berros, col, coliflor, lechuga, flor de calabaza, etc.

Sopa de ajos

12 dientes de ajo
1 litro de agua
1 litro de leche de soya

16 rebanadas de pan de caja de centeno o negro de
   un día anterior
200 gramos de queso chihuahua rallado
4 huevos
Aceite de maíz, el necesario
Sal al gusto

Se doran los ajos. Se agrega el agua y se deja a fuego medio unos 10 minutos. Se agregan los huevos y se baten. Se agrega la sal necesaria. Mientras tanto, las rebanadas de pan se espolvorean con el queso rallado. Se meten un momento al horno para que el queso se funda. Se colocan las rebanadas de pan en una sopera y se les vierte encima el caldo con los ajos y el huevo.

Tofu

Pasta tofu

200 gramos de tofu cortado en cuadritos
2 cebollas medianas cortadas en rodajas delgadas
8 hojas de espinacas
1 paquete de sopa de pasta, de preferencia de harina
   integral, cocida y escurrida
1/4 de taza de agua
1/2 taza de jugo de jitomate frito con una pizca
   de azúcar
1/4 de cucharadita de sal y pimienta

Se acitrona la cebolla. Mientras tanto, en otra cazuela se fríen los trocitos de tofu, se doran, se sacan y se dejan escurrir. En la olla donde se estaba acitronando la cebolla, se agregan las demás verduras revolviéndose hasta que penetre bien el aceite. Se agrega la salsa de jitomate. Se añade la sopa de pasta cocida y el agua. Se deja cocer por cinco minutos. Por último, se agrega el tofu frito. Se cuece otros cinco minutos más y se apaga. Se deja reposar cinco minutos antes de servirse.

Sopa de perejil

5 cucharadas de perejil picado
1/2 taza de tofu en trocitos
4 papas peladas cortadas en cuadritos
4 dientes de ajo
1/4 de litro de crema
1 litro de agua (ó 1/2 litro de agua y 1/2 litro de leche de soya)
3 cucharaditas de mantequilla
2 cucharadas de maizena
Sal al gusto

Se licúan con una poca de agua la maizena, el perejil y los ajos. Se acitronan las papas en la mantequilla. Cuando estén transparentes se agrega la mezcla de perejil. Se deja freír un poco y se añade el agua. Ya fuera de la lumbre y para servirse, se le añade la crema y el tofu.

Sopa de tofu con verduras

1 taza de tofu frito en cuadritos
1 cebolla cortada en rodajas delgadas
1 manojo de espinacas
1 paquete de sopa de pasta de amaranto cocida y escurrida
1 puño de ejotes picados
1 taza de col finamente picada
1 taza de jitomate licuado y sazonado
Un poco de agua
Sal y pimienta al gusto

Se acitrona la cebolla, se agregan los ejotes y después de unos minutos lo demás, menos el jitomate y la pasta. Después de haberse sazonado se agrega el jitomate y se deja cocinar unos 5 minutos. Por último se agrega la pasta, se baja la lumbre, se tapa y se deja cocinar un minuto más.

Okara

Arroz con apio y okara (en frío)

1 varita de apio finamente picada
1 1/2 tazas de arroz blanco cocido
1/2 taza de okara
1/2 taza de mayonesa
1/2 taza de aceitunas

Se mezclan el arroz, la okara, el apio y la mayonesa. Se coloca en un molde de vidrio y se adorna con las aceitunas.

Sopa de avena y elote

1 litro de agua
1/2 litro de leche de soya
4 cucharaditas de avena
1 taza de okara
3 elotes desgranados
2 cucharadas de aceite
1/2 cebolla finamente picada
1 jitomate
2 dientes de ajo
Sal, la necesaria

Se asa el jitomate y se licúa con el ajo. Se acitrona la cebolla. Cuando esté lista, se agrega la avena y se deja a medio dorar. En ese momento se agregan inmediatamente el jitomate licuado, los elotes desgranados y la okara. Se sofríe y se le vacía el agua y la leche. Se le pone sal al gusto.

Sopa de flor de calabaza con okara

1/4 de taza de okara
1 racimo de flor de calabaza
1 cebolla mediana
2 ramas de epazote

4 calabacitas
2 litros de agua
2 cucharadas de harina integral

Se pone a hervir el agua. Mientras tanto se limpia bien la flor de calabaza y se le cortan los rabos. Se corta la calabaza en triángulos. Cuando el agua esté hirviendo, se le añaden la flor de calabaza, las calabacitas, el epazote y la okara. Cuando las calabazas estén cocidas se añade la harina y se disuelve en el caldo, batiéndose con una cuchara plana. Se sirve con limón al gusto.

Para que tenga un mayor valor nutritivo se le puede añadir elote desgranado y leche de soya.

Sopa de germen de trigo

4 cucharadas de germen de trigo crudo
1 taza de okara
50 gramos de mantequilla
2 manojos de espinacas
2 litros de agua
Sal al gusto

Se revuelve el germen de trigo con el agua fría y se pone al fuego. Cuando suelta el hervor se le agrega la sal y se deja hervir 10 minutos. Enseguida se ponen las espinacas, la okara y la mantequilla. Se deja hervir cinco minutos más y se sirve caliente.

Salsa de soya

Arroz chino

2 tazas de arroz
1/2 cebolla finamente picada
2 ramas de apio picadas
2 zanahorias peladas y picadas
150 gramos de champiñones frescos y picados
10 cucharadas de salsa de soya

4 tazas de agua
Aceite de maíz, el necesario
Sal al gusto

Se lava el arroz y se deja remojando en agua caliente 20 minutos. Después se enjuaga con agua fría y se pone a freír en una cacerola con suficiente aceite, hasta que quede de un color dorado claro. Inmediatamente después se le agregan al arroz todas las verduras mencionadas para que se sancochen. Por último se agrega la salsa de soya, un poco de sal y 4 tazas de agua.

Soya texturizada

Arroz japones

1 taza de picadillo de soya
1/4 de cebolla en trozo (para cocer el picadillo de soya)
1 diente de ajo (para cocer el picadillo de soya)
1 taza de arroz
1 chile pimiento finamente picado
2 calabazas finamente picadas
2 zanahorias finamente picadas
2 ramas de apio finamente picadas
2 tazas de agua
10 cucharadas de salsa de soya
Aceite de maíz, el necesario

El picadillo de soya se pone a cocer en agua hirviendo con ajo y cebolla por 15 minutos. Se enjuaga muy bien tres veces y se exprime. Aparte, se remoja el arroz en agua caliente por 20 minutos, se enjuaga con agua fría y se escurre. Se fríe en suficiente aceite y luego se le escurre el aceite sobrante. Se agregan las dos tazas de agua. Cuando el arroz está cocido, se retira de la lumbre. Por separado, en una cacerola con aceite se sancocha el picadillo con las verduras a fuego lento y se agrega un poco de agua para que se cuezan. Cuando estén casi listas se agregan el arroz y la salsa de soya. Se revuelve todo muy bien, se deja sazonar 10 minutos y se sirve.

Sopa de arroz con carne

50 gramos de carne de soya en trozos
1/4 de cebolla (para cocer la carne de soya)
1 diente de ajo (para cocer la carne de soya)
1 manojo mediano de cebollita de rabo rebanada
1 manojo mediano de cilantro fresco picado
1 puño de garbanzos cocidos y pelados
1/2 taza de arroz
1 limón
1 chile verde picado (opcional)
2 tazas de agua
Sal al gusto

Se cuece la carne de soya en agua hirviendo con ajo y cebolla por 15 minutos. Se enjuaga muy bien tres veces y se exprime. Aparte, se lava el arroz y se pone a cocer a fuego lento junto con las cebollitas, la carne ya cocida, el cilantro, los garbanzos y sal al gusto. Se puede servir con unas gotas de limón y chile verde picado.

Caldo de alubias

1 taza de carne de soya texturizada en trozo
1/4 de cebolla en trozo (para cocer la carne de soya)
1 diente de ajo (para cocer la carne de soya)
1/4 de kilo de alubias remojadas toda la noche
3 cucharadas de aceite
3 nabos picados
3 papas picadas
2 dientes de ajo picados
Unas hojitas de laurel
Sal y pimienta al gusto

Se ponen las alubias a cocer, y por separado se cuece también la soya en agua hirviendo con ajo y cebolla por 15 minutos. Se enjuaga muy bien tres veces y se exprime. Cuando las alubias estén tiernas, se sofríen los nabos y las papas y se agregan a las alubias junto con la soya. Se deja cocinar hasta que las papas y nabos estén cocidos.

Sopa de espinacas

1 taza de carne de soya texturizada en trozo
1/4 de cebolla en trozo (para cocer la carne de soya)
1 diente de ajo (para cocer la carne de soya)
300 gramos de garbanzo cocido
2 zanahorias cortadas en rodajas
2 cebollas
2 dientes de ajo picados
1/4 de jitomate pelado y partido
1/4 de espinaca picada
2 huevos duros
1 litro de leche (ó 1/2 litro de agua y 1/2 litro de leche de soya)
Aceite de maíz, sal y laurel

Cueza los trozos de carne de soya en agua hirviendo con ajo y cebolla a fuego lento por 15 minutos. Se enjuaga muy bien tres veces y se exprime. Aparte, se acitronan la cebolla, el ajo, la zanahoria y el jitomate, y se deja a fuego lento. Se añaden el garbanzo y la soya, y se sazona con sal y dos hojitas de laurel. Se agrega la leche y luego las espinacas. Se deja al fuego 20 minutos y se sirve caliente. Se agregan las yemas y claras picadas.

Sopa de habas verdes

1 taza de carne de soya texturizada en trozo
1/4 de cebolla en trozo (para cocer la carne de soya)
1 diente de ajo (para cocer la carne de soya)
1 kilo de habas verdes peladas
1/2 kilo de jitomate picado
2 dientes de ajo finamente picados
1 cebolla finamente picada
2 cucharadas de harina
3 cucharadas de aceite de maíz
1/2 litro de agua (ó 1/4 de litro de agua y 1/4 de litro de leche de soya)

Cueza los trozos de carne de soya en agua hirviendo con ajo y cebolla a fuego lento por 15 minutos. Cuando esté lista, enjuague muy bien 3 veces y exprímala. Se acitronan el ajo y la cebolla. Se añade el jitomate y se sazona con sal. Se agregan el líquido, la soya y las habas. Cuando estas últimas estén tiernas, se retira del fuego y se sirve caliente.

Sopa de nopal

5 nopales cocidos cortados en rajas
1 taza de picadillo de soya texturizada
1/2 cebolla en trozo (para cocer la soya texturizada)
1 diente de ajo (para cocer el picadillo de soya)
1/2 cebolla chica rebanada
2 dientes de ajo picados
1 chile pasilla seco
2 ramitas de epazote
2 jitomates asados y picados
1 cucharada de harina
6 tazas de agua o caldo de verduras
Sal al gusto

Se cuece el picadillo de soya en agua hirviendo con ajo y cebolla por 15 minutos. Se enjuaga muy bien tres veces, se exprime y se fríe con el ajo, la cebolla y el chile para la sopa. Cuando está listo se agregan los nopales, el jitomate, la cucharada de harina disuelta en un poco de agua, el epazote y, por último, la sal y el agua. Se deja hervir.

Caldo tlalpeño

100 gramos de carne de soya en trozos
1/4 de cebolla en trozo (para cocer la carne)
1 diente de ajo (para cocer la carne)
1 aguacate picado
1 cebolla picada
1 diente de ajo
1/4 de kilo de ejotes

3 chiles chipotles secos
6 tazas de agua
3 jitomates pelados y picados
3 zanahorias medianas
Unas ramas de epazote
Sal al gusto

Se cuece la carne de soya en agua hirviendo con ajo y cebolla por 15 minutos. Se enjuaga muy bien tres veces y se exprime. Se fríen la cebolla, el ajo, los chiles y los jitomates. Cuando estén sazonados, se agregan los ejotes, las zanahorias, el agua, el epazote, la sal y la carne. Se deja hervir hasta que se cuezan los ejotes y las zanahorias. Al servirse se agregan pedazos de aguacate.

Mole de olla

1 taza de carne de soya texturizada en trozo
1/4 de cebolla en trozo (para cocer la carne de soya)
1 diente de ajo (para cocer la carne de soya)
2 zanahorias picadas
1 papa picada
2 calabacitas picadas
1 elote partido en trozos
1 xoconostle
3 chiles anchos
3 chiles pasilla
1 diente de ajo
5 ramitas de epazote

Cueza los trozos de carne de soya en agua hirviendo con ajo y cebolla a fuego lento por 15 minutos. Cuando esté lista, enjuáguela muy bien 3 veces y exprímala. Ponga a cocer las verduras y agregue la carne de soya ya cocida. Mientras tanto, los chiles se tuestan, se remojan en agua caliente y se muelen con ajo. Cuando las verduras ya casi vayan a estar listas, se agregan los chiles molidos y el epazote, y se deja sazonar.

Pozole

Para cocer el maíz:

2 bolsitas de maíz para pozole
1/2 cebolla
2 dientes de ajo

Para cocer la carne de soya:

100 gramos de carne de soya texturizada en trozos
1/2 cebolla en trozo y 1 diente de ajo

Para el chile del pozole:

3 jitomates asados
4 chiles guajillos
2 chiles anchos
1/4 de cebolla
1 diente de ajo
Sal al gusto
Aceite de maíz, el necesario

Para acompañar al pozole:

1/2 lechuga picada
1/2 cebolla finamente picada
1 bolsa de tostadas
1 manojo chico de rábanos rebanados
1/8 de taza de chile piquín
1/8 de taza de orégano
6 limones partidos a la mitad

Se cuece el maíz con ajo, cebolla y sal. Aparte se cuece la carne de soya en agua hirviendo con ajo y cebolla por 15 minutos, se enjuaga muy bien tres veces y se exprime. Cuando el maíz esté cocido; aparte se cuecen los chiles y se muelen con ajo y cebolla. Se fríe la salsa para que se sazone y se le echa a la olla donde está el maíz. Se agrega también la carne, sal al gusto y se deja hervir unos 15 minutos, hasta que espese un poco y tenga buen sabor. Para acompañar el pozole, en la mesa se pone lechuga picada, tostadas, rabanitos rebanados, chile piquín, limones, orégano y cebolla picada.

Amaranto

Sopa de amaranto

1/4 de kilo de semilla de amaranto
2 jitomates
1 diente de ajo
1 pedazo de cebolla
1 cucharada de mantequilla
Sal al gusto

Se muele el jitomate con el ajo y la cebolla. Se sofríe en la mantequilla y se le agregan la semilla de amaranto, sal y agua suficiente para cocinarse de 15 a 20 minutos. Se sirve caliente.

Arroz verde

3 chiles poblanos
1 taza de arroz
1/2 taza de amaranto
1/4 de cebolla chica
1 diente de ajo
2 tazas de agua
1/4 de kilo de queso oaxaca
1 limón chico (el jugo)
Aceite de maíz, el necesario
Sal al gusto

Los chiles poblanos se asan y se desvenan. Uno de ellos se parte en rajas y los otros dos se muelen en la licuadora con el amaranto y media taza de agua, la cebolla y el ajo. En una cacerola con suficiente aceite se pone a freír el arroz junto con el chile poblano partido en rajas. En cuanto está frito, se le escurre el aceite y se le sacan las rajas de chile. Se agregan el queso en trozos y los chiles poblanos molidos, la sal, las 1 1/2 tazas de agua que nos quedan y el jugo de limón. Al servirlo se le colocan encima las rajas.

Arroz en caldillo y acelgas

1 taza de arroz
1 taza de amaranto
1/2 kilo de jitomate
1 cebolla
2 dientes de ajo
5 ramitas de cilantro
1 taza de chícharos
1 papa cocida
1 manojo de acelgas cocidas
3 cucharadas de aceite de maíz
1 chile serrano
Sal al gusto

El arroz se lava y se deja remojar un rato. Aparte se acitrona la cebolla y se fríe con ella el jitomate asado, molido con ajo y colado. A esta salsa se le agregan el arroz y el agua necesaria para que quede en caldillo. Posteriormente se agregan los chiles verdes, las papas y los chícharos. Cuando todo esto esté a medio cocer se agregan las acelgas, y al final, casi al momento de servir, el amaranto y el cilantro picado.

Sopa de arroz con yogurth y amaranto

1 taza de arroz
1 cebolla mediana partida en cuatro
1/2 cebolla chica picada
1 manojo chico de acelgas picadas
4 dientes de ajo
2 cucharadas de amaranto
4 tazas de agua
1 cucharada de yerbabuena seca
Yogurth al gusto
Aceite de maíz, el necesario
Sal al gusto

Se lava el arroz y se pone a cocer en cuatro tazas de agua junto con la cebolla partida en cuatro, el manojo de acelgas y la sal. De vez en cuando se mueve para que el arroz no se pegue. Se muelen los ajos en el molcajete y se le agrega la yerbabuena. Cuando el arroz está casi cocido, en una sartén se acitrona la cebolla picada y se le agrega al arroz con todo y aceite. También se agregan el ajo con la yerbabuena y el amaranto. En cuanto el arroz está cocido, se retira de la lumbre, se sirve en un platón hondo y ahí mismo se le pone yogurth al gusto y se revuelve.

Crema de brocoli

1/2 kilo de brocoli
4 cucharadas de amaranto
1/4 de cebolla mediana finamente picada
25 gramos de mantequilla
2 tazas de leche
3 cucharadas de crema
Sal al gusto

Se cuece el brocoli y después se muele en la licuadora junto con el amaranto y una poca del agua en la que se coció. Por separado se pone la mantequilla a derretir y en ella se acitrona la cebolla. Se le agregan el brocoli licuado, la leche, la crema y la sal. Se deja hervir un rato. No debe quedar muy aguada, ni muy espesa. Si se desea se puede servir con panecitos dorados o tostados.

Crema de calabaza

1/2 kilo de calabazas
3 cucharadas de amaranto
1/4 de cebolla mediana finamente picada
25 gramos de mantequilla
1 1/2 tazas de leche
Sal al gusto

Se cuecen las calabazas, se apartan dos y las demás se muelen en la licuadora junto con el amaranto y una poca de agua en la que se cocieron. Por separado se pone la mantequilla a derretir y en ella se acitrona la cebolla. Se le agregan la calabaza molida, la leche y la sal. Se deja hervir un rato. No debe quedar muy aguada ni muy espesa. Para darle más vista se le agregan las dos calabazas restantes partidas en cuadritos. Si se desea se puede servir con panecitos dorados o tostados.

Crema de chícharo

1 1/4 kilos de chícharo
4 cucharadas de amaranto
1/4 de cebolla mediana finamente picada
25 gramos de mantequilla
2 tazas de leche
Sal al gusto

Se cuecen los chícharos, se aparta de estos una taza y los demás se muelen en la licuadora junto con el amaranto y una poca de agua en la que se cocieron. Por separado se pone la mantequilla a derretir y en ella se acitrona la cebolla. Se le agregan los chícharos molidos, la leche y la sal. Se deja hervir un rato. No debe quedar muy aguada ni muy espesa. Para darle más vista se le agregan los chícharos enteros. Si se desea se puede servir con panecitos dorados o tostados.

Crema de elote

6 elotes desgranados y cocidos
50 gramos de mantequilla
1 cucharada de harina
1/2 litro de leche (de preferencia de soya)
5 cucharadas de crema
3 cucharadas de amaranto
Sal al gusto

Se fríe la harina en la mantequilla. Se agregan los granos de elote cocidos y el amaranto y se sancochan. Se agrega la leche y la sal. Cuando suelte el hervor se agrega la crema y se apaga.

Crema de espárragos

1 manojo de espárragos frescos
4 cucharadas de amaranto

25 gramos de mantequilla
1 cucharadita de harina de amaranto
1 taza de leche (de preferencia de soya)
Sal y pimienta al gusto

Los espárragos se pelan, se raspan y se ponen a cocer. Una vez cocidos se les cortan las puntas (las que se apartan para usarlas más adelante) y se licúan con el amaranto y una poca del agua en la que se cocieron. Aparte se fríe la harina en la mantequilla, se agregan los espárragos molidos y colados, la leche, las puntas de los espárragos, sal y pimienta. No debe quedar muy aguada ni muy espesa.

Crema de espinaca

1/2 kilo de espinaca
3 cucharadas de amaranto
25 gramos de mantequilla
1/4 de cebolla mediana picada
2 tazas de leche
Sal al gusto

Se cuecen las espinacas y después se muelen en la licuadora junto con el amaranto y una poca del agua en la que se cocieron. Por separado se pone la mantequilla a derretir y en ella se acitrona la cebolla. Se le agregan la espinaca molida, la leche y la sal y se deja hervir un rato. No debe quedar muy aguada ni muy espesa. Si se desea se puede servir con panecitos dorados o tostados.

Crema de zanahoria

1 kilo de zanahoria
2 cucharadas de harina de amaranto
25 gramos de mantequilla
3 cucharadas de amaranto
Leche, la necesaria
Sal al gusto

Se cuecen las zanahorias y después se muelen en la licuadora junto con el amaranto y una poca del agua en la que se cocieron.

Por separado se pone la mantequilla a derretir en una olla, se le agrega la harina y se mueve hasta que tome un color dorado claro. Inmediatamente después se le agregan la zanahoria, la leche y la sal, y se deja hervir. No debe quedar muy aguada ni muy espesa. Si se desea, al servir se puede acompañar con panecitos dorados o tostados.

Sopa de champiñones

1/2 kilo de champiñones frescos lavados y picados
3 cucharadas de amaranto
3 jitomates asados
2 chiles cascabel fritos
1 diente de ajo
1/2 cebolla chica
4 tazas de agua o caldo de verduras
Unas ramas de epazote
Sal al gusto
Aceite de maíz, el necesario

Se muelen los jitomates con el ajo, la cebolla y el amaranto. Se sofríen los chiles junto con los hongos y se les agregan el jitomate molido, el agua, el epazote y la sal. Se deja calentándose a fuego lento hasta que se cuezan los champiñones y la salsa no quede ni muy aguada ni muy espesa.

Sopa de champiñones con rajas

1/2 kilo de champiñones rebanados
3 cucharadas de amaranto
1/2 cebolla rebanada
2 cucharadas de harina
4 chiles poblanos asados y partidos en rajas
1 rama de epazote
4 tazas de agua o caldo de verduras
Sal al gusto
Aceite de maíz, el necesario

Se acitrona la cebolla. Mientras tanto, se revuelve el amaranto con la harina, y cuando la cebolla está acitronada, sobre ella se espolvorea la mezcla de harina y amaranto y se mueve constantemente hasta que tome un color dorado. Después se le agregan el chile poblano, el agua, la sal, el epazote y los champiñones, y se deja hirviendo hasta que se hayan cocido los hongos y las rajas. La sopa no debe quedar aguada ni espesa.

Sopa de frijol con amaranto

5 cucharones de frijol negro cocido y molido en la licuadora con un poco de su caldo
3 cucharadas de amaranto
2 jitomates asados
1 diente de ajo
1/2 cebolla chica en trozo
1/2 cebolla chica picada
2 chiles chipotles
1 manojo de cilantro picado
4 tortillas cortadas en tiras y fritas
Aceite de maíz, el necesario
Sal al gusto

Se ponen a licuar con un poco de agua los jitomates, el amaranto, el ajo, la cebolla en trozo y los chipotles. Una vez lista esta salsa, se pone a freír y se le agregan los frijoles molidos, procurando que la mezcla no quede muy aguada. Se sazona con sal al gusto. Se sirve con cilantro picado, cebolla picada y pedazos de tortilla frita.

Sopa de lenteja molida

2 tazas de lenteja remojada toda la noche
3 cucharadas de amaranto
4 dientes de ajo molidos en molcajete
2 cucharadas de cilantro seco
1 cucharada de comino molido
2 limones exprimidos

Aceite de maíz, el necesario
Sal al gusto
Pan árabe

Se enjuaga la lenteja remojada toda la noche, se escurre y se licúa a que quede semimolida. Se vacía en un recipiente con agua para que suelte toda la cáscara, la cual flota y se retira con cuidado. Se pone la lenteja molida a la lumbre con agua y se deja hervir hasta que se cueza, moviéndola de vez en cuando con una cuchara para que no se pegue. En cuanto esté cocida, se le agrega el amaranto. Aparte, se pone a freír el ajo con el cilantro, y se vacía con todo y aceite a la lenteja; se le ponen el comino molido, el limón y, por último la sal. El pan árabe abierto en dos se pone a tostar, se parte y se le pone a la sopa en la cantidad deseada.

Sopa de papa

1/2 kilo de papa partida en cuadros
1 manojo de perejil finamente picado
1/2 cebolla finamente picada
2 chiles serranos partidos a la mitad
1 diente de ajo finamente picado
2 jitomates asados
3 cucharadas de amaranto
1 cucharadita de comino
Aceite de maíz, el necesario
Sal al gusto

Se ponen a freír la cebolla y el ajo. Cuando estén acitronados se agrega el perejil y se deja freír un poco. Mientras tanto, se licúan los jitomates con el amaranto y un poco de agua, y el puré que se forma se agrega a la mezcla que se está acitronando. Por último se agrega la papa, se deja sancochar un poco y se le ponen el agua, la sal, los chiles y el comino. Se deja hirviendo hasta que se cueza.

Sopa de pasta

1/2 paquete de sopa de pasta
   (fideo o de cualquier figurita)

1 diente de ajo
1/2 cebolla chica
2 jitomates medianos
1 ramita de perejil
1 ramita de apio picado
2 cucharadas de amaranto
1 jitomate asado
4 tazas de agua
Aceite de maíz, el necesario
Sal al gusto

Se licúan el jitomate, el ajo, la cebolla y el amaranto. Por separado, en una olla con aceite se pone a freír la pasta y se le agrega el jitomate licuado y colado. Se agregan el agua, el perejil, el apio y la sal y se deja a fuego lento hasta que se cueza la pasta.

Sopa de poro con papa

1 poro grande o dos chicos, rabanados
3 papas partidas en rajitas
1 diente de ajo
1 cebolla chica partida en rebanadas
1 cucharada de amaranto
4 tazas de agua
Aceite de maíz, el necesario
Sal al gusto

Se fríen el poro, la papa, la cebolla, el ajo y el amaranto hasta que se sancochen. Se ponen a cocer agregando el agua y la sal. Cuando estén listos se retiran del fuego y se sirve.

Sopa de tortilla

4 jitomates asados
4 cucharadas de amaranto
2 chiles guajillos fritos
1 diente de ajo
1/2 cebolla chica
12 tortillas cortadas en tiras

4 tazas de agua
100 gramos de queso fresco rallado
1/4 de litro de crema
Unas ramas de epazote fresco
Aceite de maíz, el necesario
Sal al gusto

Se asan los jitomates y se muelen con la cebolla, el ajo y el amaranto. Aparte se ponen a freír los chiles guajillos y ahí mismo se agregan el jitomate molido, el epazote, la sal y el agua y se deja sazonar. Por separado se fríen las tiras de tortilla y se dejan escurrir. Al servirse se ponen unas pocas de tortillas en cada plato junto con el queso, y encima se vierte el caldillo de jitomate. Si se desea se puede agregar una cucharada de crema.

Sopa fría

1 taza de amaranto
2 kilos de jitomate de bola
2 pimientos morrones rojos
1 cebolla chica
8 pepinos
2 dientes de ajo
15 cubitos de hielo (opcional)
El jugo de un limón
Sal al gusto

Los pepinos se pelan y se licúan. Se vacían en un recipiente grande y hondo. Los pimientos morrones se lavan, se desvenan y se licúan. Se vacían en el recipiente en donde están los pepinos. Los jitomates se lavan y se licúan junto con la cebolla y el ajo. Se cuelan al vaciarlos en el mismo recipiente. Todos los ingredientes licuados se revuelven muy bien, se sazonan con sal y jugo de limón. Si se desea, antes de servirse se agregan los cubitos de hielo.

VI. GUISADOS

Frijol de soya

Frijol de soya a la cacerola

1 1/2 tazas de frijol de soya natural cocido y pelado
1 taza de cebolla picada
2 dientes de ajo
1 chile poblano partido en rajas delgadas
4 cucharadas de aceite de maíz
2 tazas de jugo de jitomate natural
Sal y pimienta al gusto

Se acitronan la cebolla y el ajo. Se añade el jitomate, y se fríe todo tres minutos. Se añaden el chile poblano y el frijol de soya. Se cuece a fuego lento y tapado por 30 minutos.

Tortitas de frijol

1 1/2 tazas de frijol natural cocido y pelado
1 taza de arroz cocido
1/4 de cebolla picada
2 huevos batidos ligeramente
1/2 cucharada de sal
1 taza de pan molido
Ramitas de perejil picado
Aceite de maíz, el necesario

Se muele en licuadora el frijol de soya cocido. Una vez molido se vierte en un recipiente, se le agregan el arroz y los demás ingredientes. Se forman las tortitas, se untan de aceite y se cuecen al horno.

Go

Albóndigas de go en salsa de jitomate

2 tazas de go
2 tazas de avena molida
1/2 zanahoria rallada
1 cebolla finamente picada
1/2 cucharadita de sal
1 pizca de pimienta
1 pizca de anís
1 huevo
Unas ramitas de yerbabuena

Para la salsa:

2 jitomates cocidos
Ajo y cebolla al gusto
Sal al gusto

Se revuelven todos los ingredientes para las albóndigas, se forman las bolitas y se fríen en aceite muy caliente. Se dejan escurrir. Aparte, se preparara la salsa licuando todos los ingredientes y dejándolos hervir 5 minutos. Después se agregan las albóndigas a la salsa y se dejan 5 minutos más a fuego lento.

Croquetas de go capeadas en tempura acompañadas de ensalada de rábano

Ingredientes para las croquetas:

2 tazas de go
2 tazas de avena molida
1/2 zanahoria rallada

1 cebolla finamente picada
1/2 cucharadita de sal
1 pizca de pimienta
1 pizca de anís
1 huevo
Unas ramitas de yerbabuena

Ingredientes para el tempura:
1 taza de agua helada del refrigerador
1 huevo
1/4 de taza de harina de trigo integral
1/4 de taza de maizena
1/2 cucharadita de sal
1/2 cucharadita de pimienta molida

Se revuelven todos los ingredientes para las croquetas, se forman y se capean en tempura.

Preparación del tempura
(Método japonés para capear)

Se bate muy bien el huevo con agua, empleando un molinillo de mano o batidora. Se agregan la harina y la sal y se bate hasta que desaparezcan los grupos grandes de la harina. No importa que queden algunos grumos pequeños, porque no se puede batir por mucho tiempo. Una vez que se hayan batido los ingredientes se capean las croquetas y se fríen. Si se quiere, pueden untarse con aceite y cocerlas al horno.

Para ayudar a la digestión, este platillo se acompaña de una ensalada de rábano rallado acompañando con salsa de soya o limón.

Chalupas de go

1 taza de go
1/2 kilo de masa de maíz
Aceite de maíz, el necesario
Sal al gusto

Se revuelve el go con la masa, el chorro de aceite y la sal. Se hacen las chalupas, se cuecen y se pellizcan. Se les pone encima aceite caliente. Se sirven con alguna ensalada de verduras crudas de hojas verdes.

Gorditas rellenas de go

Relleno 1:

1 taza de go
4 tomates verdes asados
4 gorditas de masa de maíz
Ajo, cebolla y chile al gusto
Agua, si es necesaria

Se acitronan el ajo, la cebolla y el chile. Se agregan los tomates verdes asados. Cuando esta mezcla ya está frita, se agrega el go y se fríe por 5 minutos, agregando agua si es necesario. Se rellenan las gorditas de masa de maíz y se calientan en comal.

Relleno 2:

1 taza de go
1/4 de taza de cebolla picada
Unas ramitas de cilantro picado
Chile al gusto

Se acitronan la cebolla y el chile. Se agrega el go. Se fríe 5 minutos. Se agrega el cilantro. Con esta mezcla se rellenan las gorditas de masa de maíz y se calientan en comal.

Sopes de go

2 tazas de harina de maíz
1 taza de go
1 cucharadita de aceite
1/4 de hongos
1 lechuga picada
1 taza de frijol cocido y molido (de soya o regular, al gusto)
3 cucharadas de cebolla picada

2 cucharadas de perejil picado
1/2 cebolla chica cortada en rebanadas
1 jitomate cortado en rebanadas

Se revuelven la harina de maíz, el go y el aceite para formar una masa consistente. Se deja reposar 1/2 hora y se hacen los sopes del tamaño de la palma de la mano. Se cuecen en el comal, y ya cocidos se pellizcan sus bordes y centro.

Se guisa el frijol molido, y aparte también se guisan los hongos con la cebolla, el perejil y la sal. Se preparan los sopes y se sirven acompañados de la lechuga, el jitomate y la cebolla en rodajas.

Tortitas de go

2 tazas de go
2 tazas de arroz cocido y machacado
1/2 zanahoria rallada
1 cebolla finamente picada
1/2 cucharadita de sal
1 pizca de pimienta
1 pizca de anís
1 huevo
Unas ramitas de perejil
Harina, la necesaria

Se revuelven todos los ingredientes para las tortitas, se forman y se pasan por harina. Se fríen en aceite muy caliente y se dejan escurrir. Se sirven acompañadas de una ensalada verde.

Tofu

Bolitas de queso

7 claras de huevo batidas a punto de turrón
1/2 kilo de queso chihuahua rallado
1/2 kilo de tofu desmoronado
1/2 cucharadita de Royal

las claras a punto de turrón, se les agregan el queso chihuahua, el tofu, el royal, y se revuelve todo muy bien, tratando de que quede una pasta suave. Se hacen las bolitas (no muy chicas ni muy grandes). Si se desean comer en el momento, se fríen con bastante aceite a fuego medio hasta que se doren. Se prepara un guacamole con cilantro, chile verde, sal y aguacate. Si se quieren guardar para consumirlas posteriormente, se pueden poner a secar en el congelador en una charola con papel aluminio, y en cuanto se pongan duras, se guardan en un recipiente de plástico. Cuando se quieran comer se sacan y se descongelan, procediendo a freirlas como se hizo anteriormente.

Chiles anchos rellenos de tofu o queso

6 chiles anchos
100 gramos de queso fresco
100 gramos de tofu
2 dientes de ajo picados
1/2 cebolla chica picada
1 puñado de ejotes cocidos y picados
2 zanahorias cocidas y picadas
1 puñado de chícharos cocidos y picados
Sal y pimienta al gusto

Se lavan los chiles y se remojan en agua caliente. Mientras tanto, se prepara el relleno, se acitronan la cebolla y el ajo y se agregan los ejotes, las zanahorias, los chícharos, el queso, el tofu, la sal y la pimienta al gusto. Se abren los chiles y se les sacan las semillas. Se rellenan, se cierran con hilo y se sirven en un caldillo de jitomate con cebolla rebanada.

Chiles pasilla rellenos de tofu y queso

6 chiles pasilla
100 gramos de queso fresco rallado
100 gramos de tofu rallado
1/2 cebolla chica picada
1/2 jitomate chico picado
Sal, pimienta y comino al gusto

Los chiles se ponen a remojar en vinagre toda la noche. Al día siguiente se les quitan las semillas y las venas, teniendo cuidado de no romperlos. Aparte, se acitrona la cebolla, y se le revuelve el jitomate y los quesos. Se le agregan las especias y cuando esté listo se usa para rellenar los chiles. Se sirven con ensalada de lechuga y frijolitos.

Chiles poblanos rellenos de tofu y queso

6 chiles poblanos
100 gramos de queso fresco
100 gramos de tofu
2 dientes de ajo martajados
1 limón partido
2 huevos
Harina, la necesaria
Sal y pimienta al gusto

Se tuestan los chiles y se envuelven en una servilleta para que suden. Se pelan, se desvenan y se untan con ajo martajado, sal, pimienta y limón al gusto. Aparte se prepara el relleno mezclando el queso fresco y el tofu. Se rellenan los chiles, se pasan por harina, se capean y se fríen. Se sirven con una salsa de jitomate.

Croquetas de papa

6 papas cocidas y peladas
2 tazas de tofu
1/4 de taza de harina integral
Sal y pimienta al gusto
Aceite de maíz, el necesario

Se machacan las papas, se les agregan el queso, el aceite, la harina, la sal y la pimienta. Se hacen las croquetas y se doran en aceite. Se sirven en ensalada.

Empanizados de ternera de tofu

200 gramos de tofu desbaratado
6 cucharadas de harina integral
1 huevo
Sal, pimienta y cominos molidos

Se mezclan los ingredientes y se forman bisteces como los de carne molida. Se empanizan con la harina y se fríen. Se sirven con alguna verdura cocida al vapor y ensalada.

Espagueti a la bolognesa

2 tazas de tofu bien seco
1/2 cebolla picada
1/2 taza de pan molido
1 huevo batido
3 cucharadas de perejil picado
3 tazas de salsa de jitomate sazonada
1 cucharadita de orégano
100 gramos de queso rallado
1/2 paquete de pasta para espagueti cocida

Se revuelven los ingredientes, exceptuando la pasta. Se forman las albóndigas pequeñas y se fríen para que se doren. Se colocan en una cazuela, se cubren con salsa, se tapan y se cocinan durante 15 minutos a fuego lento. Se dejan reposar y se sirven frías o calientes sobre espagueti, adornadas con queso.

Flor de calabaza rellena

1 manojo de flor de calabaza
1 trozo de tofu
1 taza de harina
1 huevo
1 cucharada de mantequilla
Leche de soya, la necesaria
Sal y pimienta al gusto

Se prepara una pasta de la siguiente manera: se revuelven la harina, el huevo, la sal, la pimienta, leche de soya y un poco de mantequilla derretida para que quede como un atole espeso. Se deja reposar media hora. Mientras tanto, se lavan las flores con cuidado, se les quita el tallo y se rellenan con queso de soya. Se cubren con la pasta y se fríen a dorar. Se sirven con lechuga.

Nuggets de tofu

200 gramos de tofu
6 cucharadas de harina
1 huevo
Sal, pimienta y comino al gusto

El tofu se corta en trozos pequeños, los que se espolvorean con sal, pimienta y comino molido. Se bañan en tempura, o se capean y se fríen en aceite hirviendo. Pueden servirse con salsa de jitomate.

Omelette de tofu

2 huevos
1/2 taza de tofu desintegrado y sofrito con cebolla picada
Perejil picado, al gusto
Aceite de maíz, el necesario

Se baten los huevos con una cucharada de agua fría y se les añaden sal y pimienta al gusto. Se pone a calentar el aceite en una sartén, y cuando ya esté listo, el huevo debe extenderse en ella. Con una palita se deben ir retirando las porciones de huevo cocido para que corran las que todavía quedan sin cocer. Con la ayuda de un plato extendido se da vuelta a la tortilla de huevo para que se cueza parejo del otro lado. Se agrega el tofu con la cebolla, se dobla la tortilla y se sirve. Se adorna con perejil.

Papas rellenas

6 papas grandes
2 tazas de tofu
1 cucharadita de perejil picado
50 gramos de mantequilla
6 cucharadas de jitomate licuado
Sal y pimienta

Se cuecen las papas sin que se abran. Se pelan y se parten a la mitad. Se ahuecan. La papa que se saca se revuelve con el tofu, la sal y la pimienta. Con esta mezcla se rellenan las papas. Encima de cada una de ellas se pone un trocito de mantequilla, y se meten al horno. Cuando se doran, se espolvorean de perejil y se sirven calientes.

Pastel de tofu

200 gramos de tofu cortado en cuadritos
100 gramos de mantequilla
1 cebolla grande finamente picada
2 tazas de champiñones finamente picados
12 rebanadas de pan integral
1/4 de cucharadita de comino
2 dientes de ajo martajados
Harina sazonada con comino, pimienta y sal
Una ramita de perejil

Se colocan en un platón los trozos de tofu. Se pasan por la harina preparada de antemano. Se coloca una cazuela al fuego. Se le añade la tercera parte de la barra de mantequilla. Se dora el tofu y se deja aparte. En tanto, se le añade a esta misma mantequilla sobrante otra tercera parte de la barra y se pone la cebolla. Se tapa y se fríe a fuego lento hasta que este muy bien acitronada.

Se añaden los hongos y el perejil picado y se revuelve todo muy bien. Cuando los hongos se hayan cocido, se añade el tofu y se deja 5 minutos más a que se cueza todo. Mientras tanto, deben untarse las rebanadas de pan con la tercera parte de la mantequilla que queda, revuelta con los ajos martajados y el comino. Estas rebanadas se meten al horno y se doran. Cuando están listas se sacan, se bañan con la salsa de hongos y tofu y al servirse se espolvorean con perejil picado.

Peneques de queso con crema y guacamole

2 docenas de peneques
125 gramos de queso manchego en rajas

100 gramos de tofu en rajas
2 aguacates
1/4 de cebolla picada
1 jitomate
2 chiles serranos
1/2 lechuga romana
Aceite de maíz, el necesario

Los peneques se abren y se rellenan con una rebanada de queso y una de tofu. Se ponen a freír con la llama baja para que no queden muy dorados. Se les escurre el aceite. Mientras tanto, se prepara el guacamole machacando los aguacates y agregándoles la cebolla, el jitomate y los chiles picados. Se desinfecta la lechuga y se pica finamente. Los peneques se acomodan en un platón y encima se les pone un poco de crema, guacamole y lechuga picada.

Peneques en salsa de jitomate

2 docenas de peneques
125 gramos de queso manchego en rajas
100 gramos de tofu en rajas
3 huevos
1 taza de harina
3 jitomates asados
1 chile serrano
1 diente de ajo
1/4 de cebolla
1/4 de lechuga romana picada
1/4 de litro de crema
Aceite de maíz, el necesario
Sal al gusto

Se abren los peneques por el centro con un cuchillo, y se rellenan con una tira de queso y una de tofu. Se espolvorean con harina. Se baten las claras a punto de turrón, se agregan las yemas, se revuelcan los peneques en el huevo, se fríen en una sartén, se les escurre la grasa y se acomodan en una cacerola. Por separado se prepara una salsa licuando el jitomate, la cebolla, el ajo y el chile, y se pone a freír agregándole un vaso de agua y sal. Se deja hervir un rato, se agrega a la cacerola donde están los peneques y se deja espesar un poco. Al servir se decoran con lechuga y crema.

Queso fundido

2 tazas de tofu
1 taza de queso oaxaca deshebrado
1 cucharada de perejil picado
2 dientes de ajo martajado
1 chile verde picado
Sal y pimienta al gusto

Al tofu se le revuelven la sal, la pimienta, el perejil, el ajo y el chile. Se engrasa una cazuelita, se coloca el tofu y se le pone encima el queso oaxaca. Se tapa bien. Si está muy seco, se pone a baño maría. Cuando se deshace el queso de encima, ya está listo.

Tofu a la marinera

200 gramos de tofu partidos en trozos pequeños
1 taza de harina sazonada con sal, pimienta y comino al gusto

A los trozos de tofu se les añaden unas gotas de limón y se pasan por la harina previamente sazonada. Se capean o se fríen en tempura.

Tofu al mojo de ajo en salsa de jitomate

Ingredientes para el tofu:

1 trozo de tofu cortado en cuadritos
5 dientes de ajo martajados
2 tazas de harina sazonada con sal, pimienta y cominos
   al gusto
1 huevo
Aceite de maíz, el necesario

Ingredientes para la salsa de jitomate:

2 jitomates
2 dientes de ajo

1/2 cebolla chica
Hierbas de olor
Sal y pimienta al gusto

Los trocitos de tofu se marinan con ajo martajado mezclado con un poco de aceite. Se pasan por la harina sazonada. Se capean con huevo y se fríen en aceite hirviendo. Al dorarse se sacan y se escurren. Aparte se prepara una salsa de jitomate que se deja hervir y sazonar. Al servir el tofu se baña con esta salsa.

Tofu arcoiris

1 litro de leche de soya
1 zanahoria rallada
5 hojas de espinaca cruda
2 ramas de perejil picado
2 cucharadas de jícama picada
1 elote tierno cocido y desgranado
1 cucharada de ajonjolí tostado

Al litro de leche se le añaden todos los ingredientes. Se calienta bien y se prepara el tofu. Cuando está listo, se corta en cuadritos y se sirve con ensalada en frío.

Verdura tempura

1 coliflor chica cortada en arbolitos
1/2 kilo de brocoli cortado en arbolitos
1/2 kilo de champiñón fresco
1 cebolla rebanada grueso
2 zanahorias rebanadas
6 calabazas rebanadas
2 chiles pimientos partidos en gajos
1 berenjena pelada y rebanada
1/2 kilo de harina
1 litro de agua
Salsa de soya

Las verduras se ponen a cocer, pero no por completo. Se retiran del fuego cuando estén a medio cocer. Aparte, se mezclan la harina y el agua hasta obtener una textura homogénea, sin grumos, y se deja reposar durante 10 minutos. En esta pasta se van a capear las verduras, por lo que antes de hacerlo se debe batir nuevamente. Cuando cada pieza esté cubierta por la mezcla, se fríen en una sartén hasta que queden de un color dorado claro. Al freirlas, la sartén no debe saturarse con demasiadas verduras para evitar que se peguen. Al servirlas se acompañan con salsa de soya.

Okara

Albóndigas de okara

2 tazas de okara
1 huevo
1 calabacita rallada
1/2 cebolla picada
2 dientes de ajo picados
4 ramas de perejil
1 taza de papa cocida y machacada
Sal, pimienta y comino al gusto

Se mezclan todos los ingredientes y se forma una masa. Se hacen las albóndigas, se pasan por pan molido o harina y se fríen. Se sirven cubriéndolas con salsa de jitomate o chile guajillo.

Bacalao de okara

3 tazas de papas sin pelar, rebanadas a lo largo
1 cucharada de aceite
4 dientes de ajo martajados
1 cebolla picada
5 tazas de col picada
1 taza de zanahoria rallada
2 tazas de okara
1 taza de aceitunas
1 pimiento en rebanadas delgadas
3 jitomates medianos molidos

Se fríen las 3 tazas de papas y se sacan. En el mismo aceite se acitronan el ajo y la cebolla. Se añaden la okara y el pimiento. Se deja freír 5 minutos y se agregan el jitomate, la zanahoria y la col. Se deja freír todo por 10 minutos. Al destapar la cazuela se verán todos los ingredientes acitronados y bien mezclados. Se añaden las papas y una taza de aceitunas picadas. Se tapa y se cuece 5 minutos más. Para evitar la flatulencia por la col, puede colocar encima de su guiso un bolillo duro, el que absorberá cualquiera de los compuestos de azufre que se escapan de la col. Una vez que el pan se hincha, se retira.

Calabacitas con elote y okara

4 cucharadas de aceite
1 cebolla mediana rebanada en rodajas con todo y rabo
2 tazas de okara
1 elote tierno desgranado
2 calabacitas en rodajas finas
5 ramas de epazote finamente picado
1 taza de chile verde
1/2 taza de leche de soya

Se acitrona la cebolla. Se le añade la okara y se deja freír 5 minutos. Se agregan el elote desgranado, las calabacitas, el chile y la leche de soya. Se tapa y se cuece a fuego lento 10 minutos. Debe consumirse el líquido. Se le agrega bastante epazote picado.

Ceviche de okara cocido

1/2 taza de cebolla picada
3 dientes de ajo finamente picados
1 taza de jitomate finamente picado
1 chile verde picado
1 taza de okara
1/4 de taza de jugo de limón
3 cucharadas de aceite
1 cucharadita de orégano
Sal y pimienta al gusto

Se pone a cocer la okara en media taza de agua y a fuego lento por unos 10 minutos. Aparte se revuelven todos los ingredientes y se les añade la okara.

Ceviche de okara crudo

1 taza de okara
2 jitomates picados
1 cebolla picada
1 manojo de cilantro
1 aguacate
1 chile verde picado
1 cucharadita de orégano
3 dientes de ajo machacados
3 cucharaditas de aceite de olivo
El jugo de un limón

Se revuelve todo, excepto el aguacate, ya que éste se va a usar para adornar.

Chalupas de okara

1 taza de okara
1/2 kilo de masa de maíz
Aceite de maíz, el necesario
Sal al gusto

Se revuelve la okara con la masa, el chorro de aceite y la sal. Se hacen las chalupas, se cuecen y se pellizcan. Se les pone encima aceite caliente. Se sirven con alguna ensalada de verduras crudas de hojas verdes.

Croquetas de arroz y okara

3 tazas de arroz cocido y seco
1 taza de okara
1 taza de espinaca finamente picada
1/2 zanahoria rallada
2 cucharaditas de perejil picado

1 cucharadita de cebolla finamente picada
2 huevos
1 cucharadita de germen o harina de trigo

Se baten los huevos. Se agregan todos los ingredientes. Se forman las croquetas y se fríen.

Croquetas de okara

3 tazas de okara
2 cucharadas de mantequilla
1 huevo
1 taza de harina integral tostada
Leche de soya, la necesaria
1/4 de cebolla chica finamente picada
1 chile verde picado
2 cucharadas de perejil picado
Pan molido, el necesario
Sal, pimienta y clavo al gusto

Se acitronan en mantequilla los chiles y la cebolla y se les agregan pimienta, clavo y sal. Cuando esté listo, se retira del fuego. Aparte se mezcla la harina tostada con la leche necesaria para formar una masa. Se agregan la okara y el perejil. Se mezcla todo, incluyendo la cebolla acitronada. Se forman las croquetas, se mojan con huevo, se empanizan y se fríen. Se sirven con ensalada de verdura.

Enchiladas de okara

1/2 kilo de masa
1 cucharadita de chile piquín o guajillo molido
1 1/2 tazas de picadillo de okara según la receta anterior
1 cebolla finamente picada y sofrita
1/2 taza de cilantro finamente picado
Sal al gusto

Se mezcla la masa con el chile y sal al gusto. Se hacen las tortillitas de masa del tamaño de la boca de una taza y se rellenan con el picadillo. Se doblan y se cierran con un poquito de agua. Se fríen en aceite hirviendo y se escurren sobre papel de estraza. Se sirven cubiertas de cebolla picada revuelta con el cilantro picado.

En esta misma forma se pueden preparar quesadillas, chalupas, pellizcadas, sopes, etc., de cualquier relleno: queso, hongos, flor de calabaza, etc.

Entomatadas con crema de soya

12 tortillas
1/2 kilo de jitomate
1 cebolla chica
1 diente de ajo
1 cucharadita de perejil
200 gramos de queso fresco rallado
1 taza de crema de soya

Se hierve el jitomate y se licúa con el ajo, la cebolla y el perejil. Se fríe todo con una cucharadita de aceite y se sazona. En esta salsa se van metiendo las tortillas una a una y se les pone en el centro una tira de queso. Se enrollan, se acomodan en un refractario, se bañan con el resto de la salsa y la crema y se hornean por 5 minutos.

Gorditas rellenas de okara

Relleno 1:

1 taza de okara
4 tomates verdes asados
4 gorditas de masa de maíz
Ajo, cebolla y chile al gusto
Agua, si es necesaria

Se acitronan el ajo, la cebolla y el chile. Se agregan los tomates verdes asados. Cuando esta mezcla ya está frita, se agrega la okara y se fríe por 5 minutos, agregando agua si es necesario. Se rellenan las gorditas de masa de maíz y se calientan en comal.

Relleno 2:

1 taza de okara
1/4 de taza de cebolla picada

Unas ramitas de cilantro picado
Chile al gusto

Se acitronan la cebolla y el chile. Se agrega la okara. Se fríe 5 minutos. Se agrega el cilantro. Con esta mezcla se rellenan las gorditas de masa de maíz y se calientan en comal.

Huazontles rellenos de okara

Los huazontles:

1/2 kilo de huazontles
2 tazas de picadillo de okara
3 huevos

La salsa:

3 chiles guajillos
1 jitomate asado
1 diente de ajo
Comino
Sal al gusto

Para preparar los huazontles, se le quitan las ramas y se cuecen, poniéndole un poco de vinagre al agua para que después no chupen mucho aceite. Una vez cocidos se exprimen, se rellenan con el picadillo y se capean. Se sirven con salsa de chile guajillo.

Para preparar la salsa, se tuesta el chile, se remoja en agua caliente y se muele con ajo, cominos, jitomate asado y sal. La salsa se sazona y se sirve cubriendo los huazontles.

Hamburguesas de okara

2 tazas de okara
2 tazas de zanahoria rallada
1 huevo
1/4 de cebolla picada
1 taza de harina integral
1 cucharada de perejil picado
Maizena, la necesaria
Sal y pimienta al gusto

Se revuelven todos los ingredientes, excepto la harina integral. Se forman las hamburguesas, se pasan por la harina integral y se fríen.

Hojas de col rellenas de okara

100 gramos de ejotes
8 hojas de col
1 bolillo
2 tazas de picadillo de okara
3 huevos
Harina integral, la necesaria
Salsa de chile guajillo

Se ponen a cocer los ejotes y encima se acomodan unas hojas de col para que se suavicen con el vapor. Encima de ellas se acomoda un pan para que la col no haga daño. Se sacan las hojas y se enfrían. Se pican los ejotes y se revuelven con el picadillo. Con esta mezcla se rellenan las hojas de col, las cuales se doblan en cuatro como tamales oaxaqueños, se pasan por harina integral y se capean. Se sirven cubriéndolas con salsa de chile guajillo.

Kipe con trigo y soya

500 gramos de trigo para kipe delgado
1 taza de picadillo de soya texturizada
1/4 de cebolla en trozo (para cocer el picadillo de soya)
1 diente de ajo (para cocer el picadillo de soya)
1/4 de cebolla finamente picada
1 diente de ajo finamente picado
1/2 taza de amaranto
1 taza de okara
Harina integral, la necesaria

Se remoja el trigo por 2 horas. Se exprime y se le agregan la okara, el amaranto, y la harina necesaria. Se forman empanaditas delgadas. Por separado, se cuece el picadillo de soya en agua hirviendo con ajo y cebolla por 15 minutos, se enjuaga muy bien tres veces, se exprime y se sofríe con ajo y cebolla. Las empanaditas se rellenan con el picadillo y se cierran bien. Se fríen en aceite caliente hasta que se doren.

Longaniza de okara

5 chiles (pasilla, mulatos, anchos o guajillos,
   a su preferencia)
3 cucharadas de aceite
1 cebolla cortada en rodajas delgadas
3 dientes de ajo martajados
3 tazas de okara
1/2 taza de vinagre
1 cucharada de orégano
Hierbas de olor
Sal y pimienta al gusto

Se tuestan los chiles que Ud. prefiera para preparar la longaniza. Una vez tostados los desvena y muele con un poco de vinagre. Se pone el aceite a calentar a fuego lento. Se agregan los ajos y la cebolla hasta que se acitronen. Se añaden una taza de vinagre y hierbas de olor al gusto. Se tapa y se cuece hasta que el vinagre se consuma. Se le ponen sal, pimienta y orégano triturado. Se guarda bien tapada en el refrigerador y se utiliza como longaniza. Es deliciosa con huevos, arroz o sopas. La dieta naturista no recomienda el vinagre, sino el limón, pero esta receta es una excepción.

Niño envuelto

3 tazas de okara
1 taza de crema de soya
1 taza de migas de pan
2 huevos cocidos
1 huevo crudo
1/2 cebolla picada

2 dientes de ajo picados
Unas ramitas de perejil picado
Chiles chipotles al gusto
Sal y pimienta al gusto

Se mezcla todo, excepto los 2 huevos cocidos, el chile y el perejil. La masa que se forma se extiende en una tabla enharinada y se rellena con el huevo cocido, chile y perejil. Se enrolla y se fríe en poco aceite. Se tapa y se deja a fuego lento 15 minutos, volteándolo de vez en cuando, o se mete al horno. También puede cocerse en agua con hierbas de olor y sal, envuelto en una servilleta de manta amarrada.

Okara con chayote

2 tazas de okara
3 cucharadas de aceite
1/2 cebolla picada
2 dientes de ajo picados
4 chayotes pelados y cortados a lo largo
1 chile verde
1/4 de taza de leche de soya
2 cucharadas de cilantro picado

Se acitronan la cebolla y el ajo. Se agregan los chayotes y el chile picado. Se fríen 5 minutos. Se añaden las dos tazas de okara, se revuelve todo muy bien y se cuece 5 minutos más. Se le agrega la leche de soya. Se tapa y se cuece a fuego lento hasta que la verdura se cueza, pero no demasiado. Deben quedar al dente. Se le añade el cilantro y se cuece dos minutos más.

Chayotes rellenos de okara

3 chayotes cocidos y partidos a la mitad
1 cucharada de okara
2 cucharadas de mayonesa de soya (ver página 38)
1 taza de pan molido revuelto con un poco de comino
Sal al gusto

Se prende el horno para que se vaya calentando. Con una cuchara se vacía la pulpa de cada mitad de chayote. La pulpa del chayote se revuelve con la mayonesa de soya y la okara. La cáscara de cada mitad de chayote se vuelve a rellenar con esta mezcla. Se le pone encima una poca de mantequilla y se espolvorea con el pan molido. Se meten los chayotes al horno y se dejan ahí hasta que se dore lo de encima.

Esta receta se puede preparar también con tofu en lugar de okara.

Pastel azteca

20 tortillas chicas
2 chiles poblanos
2 jitomates cocidos con ajo
1/2 litro de crema de soya (ver página 40)
2 huevos
1 cebolla finamente picada
2 tazas de queso rallado
Longaniza de okara, al gusto

Se asan los chiles, se pelan y se cortan en tiritas. Mientras los chiles se están sudando, se prepara una salsa con el jitomate y el ajo, y se sazona. Tanto los chiles como la salsa se dejan aparte. Se fríen las tortillas una por una, pero que queden suaves. Se acomodan cinco tortillas en una cazuela o molde, y encima de éstas se colocan un poco de longaniza, rajas, queso, cebolla, crema y la salsa de jitomate. Se forman varias de estas capas. Cuando se hayan formado varias capas, al último se ponen crema y los huevos batidos como merengue. Se mete al horno para que se ablande la tortilla y se dore el merengue. Si no hay horno, no se pone el merengue, y entonces sólo se tapa la cazuela y se deja a fuego lento.

Picadillo de okara

3 tazas de okara
2 zanahorias finamente picadas

1 papa grande cortada en cuadritos
1 puñado de chícharos
1/2 cebolla finamente picada
2 dientes de ajo martajados
1 jitomate licuado
1/4 de cucharadita de pimienta
5 cucharadas de aceite
Hierbas de olor
Perejil picado

Se acitronan la cebolla y los ajos. Se agrega la okara y se deja freír 5 minutos. Se le agregan la zanahoria, la papa cortada en cuadritos, y los chícharos. Se deja freír unos dos minutos y se le añade el jitomate. Se tapa y se deja cocer a fuego lento unos 10 minutos, hasta que la papa se cueza. Para terminar, se le añaden las hierbas de olor, el perejil y la sal. Este platillo rinde para 8 ó 10 personas.

Picadillo de okara en coliflor

1 coliflor cocida
2 tazas de picadillo de okara
Crema al gusto
Queso rallado al gusto
Sal y pimienta al gusto

La coliflor cocida se acomoda en una cazuela y se agregan el picadillo de okara, sal y pimienta al gusto, crema y queso. Se tapa y se pone sobre fuego muy suave unos 10 minutos.

Picadillo verde de okara

3 tazas de okara
1/2 cebolla finamente picada
2 dientes de ajo martajados
4 tomates verdes asados y licuados con chile guajillo al gusto
1/2 taza de cilantro picado

1/4 de cucharadita de clavo
1/4 de cucharadita de comino
1/4 de cucharadita de pimienta
5 cucharadas de aceite
Sal al gusto

Se acitronan el ajo y la cebolla. Se agrega la okara y se deja freír. Se añaden el tomate verde asado y molido, el cilantro, el comino, el clavo, la sal y la pimienta. Si se desea, se añaden aceitunas. Con este picadillo también se rellenan quesadillas, gorditas o tlacoyos, o se acompaña con ensalada cruda.

Rollos de acelga

2 manojos de acelgas
1 1/2 tazas de harina minsa
1/2 taza de okara
1 cucharada de aceite
2 jitomates
1/2 cebolla chica cortada en rodajas
100 gramos de hongos
Sal al gusto
Agua, la necesaria

Se lavan muy bien las hojas de acelga, se escurren y se les quita el rabo. Aparte, en una cacerola se ponen la harina, la okara, el agua, el aceite y la sal. Se bate hasta que quede una masa suave. Se rellenan las hojas de acelga y se enrollan. Los rollitos se colocan sobre una parrilla dentro de una cacerola en la que puede ponerse agua, y se cubren con rodajas de cebolla, jitomate, hongos y sal. Se tapa bien y se coloca en la lumbre 15 ó 20 minutos.

Sesos vegetarianos

1/2 taza de okara
1/2 taza de avena
1/2 cebolla picada

1 chile verde picado
1 huevo
Epazote picado, al gusto
Leche de soya, la necesaria
Sal, al gusto
Aceite para freír

Se revuelve todo y se deja reposar toda la noche. Al día siguiente se hacen tortitas, se fríen y se sirven con ensalada.

Sopes de okara

2 tazas de harina de maíz
1 taza de okara
1 cucharadita de aceite
1/4 de kilo de hongos
1 lechuga picada
1 taza de frijol cocido y molido (de soya o regular, al gusto)
3 cucharadas de cebolla picada
2 cucharadas de perejil picado
1/2 cebolla chica cortada en rebanadas
1 jitomate cortado en rebanadas

Se revuelven la harina de maíz, la okara y el aceite para formar una masa consistente. Se deja reposar 1/2 hora y se hacen los sopes del tamaño de la palma de la mano. Se cuecen en el comal, y ya cocidos se pellizcan sus bordes y centro.

Se guisa el frijol molido, y aparte también se guisan los hongos con la cebolla, el perejil y la sal. Se preparan los sopes y se sirven acompañados de la lechuga, el jitomate y la cebolla en rodajas.

Tamales con relleno de okara

2 kilos de masa de maíz
1 taza de aceite
1 cucharadita de royal
Sal al gusto
Un poco de agua hervida con la cáscara de tomate verde y anís

Todo esto se revuelve en una cazuela y se bate vigorosamente. Se deja reposar y se prepara el relleno del tamal.

Ingredientes para el relleno:

4 tazas de okara
1 cebolla grande picada
3 dientes de ajo martajados
1/2 kilo de tomates verdes asados y martajados
3 chiles verdes finamente picados
1/2 cucharadita de pimienta molida
1/2 cucharadita de comino molido
1/2 cucharadita de clavo molido
1 manojo de cilantro picado
6 cucharadas de aceite de maíz

Se pone una cazuela sobre la lumbre y se le añaden 6 cucharadas de aceite, la cebolla y el ajo. Cuando se acitronen se agrega el tomate asado y martajado. Después de freirse se añaden la okara y todos los demás ingredientes. El líquido debe consumirse.

Procedimiento para la elaboración de los tamales:

Un día antes debe comprar las hojas de maíz y dejarlas remojar toda la noche. Aparte debe tener lista la tamalera. Cuando ya esté lista la masa y el relleno, con una cuchara embarre la masa en la hoja. Agregue el relleno, envuelva la hoja y luego dóblela por la mitad. En la tamalera debe colocar los tamales a lo largo, parados. El tamal está listo cuando se despega de la hoja.

Tamales de okara sin relleno

Ingredientes para la masa de los tamales:

2 kilos de masa de maíz
1 taza de aceite de maíz
1 cucharadita de royal
Sal al gusto
Un poco de agua hervida con la cáscara de tomate verde y anís

Se prepara la masa en la misma forma que la anterior, pero se le agregan dos tazas de cilantro picado y una taza de okara.

Los tamales se preparan igual que los anteriores, pero no llevan relleno. Se cuecen según el procedimiento anterior, y se sirven con mole de semilla de pepita de calabaza o mole verde.

Mole verde para acompañar al tamal:

1/4 de kilo de semilla de calabaza tostada y molida
1 manojo de cilantro
4 chiles verdes martajados
1/2 cebolla
2 dientes de ajo
4 hojas de lechuga
1 rama de epazote
Sal y pimienta al gusto

Se acitronan la cebolla y los ajos. Los demás ingredientes se muelen en el molcajete o en la licuadora, y se agregan a la cebolla acitronada. Se deja hervir unos 15 minutos y se sirve con el tamal.

Taquitos de col y okara

1 col grande
1 taza de arroz cocido
1 taza de okara
1 taza de queso fresco rallado
1 cucharada de perejil picado
1 jitomate grande picado

La col se pone en un recipiente grande con agua hirviendo, hasta que se le puedan desprender las hojas. Aparte se forma el relleno revolviendo el arroz, la okara, el queso, el jitomate y el perejil. Se rellena cada hoja y se acomodan sobre una parrilla dentro de una cacerola a la que se le pone agua. Se tapan bien y se dejan en la lumbre de 15 a 20 minutos.

También pueden rellenarse de zanahoria rallada cruda con requesón, o de papa cocida con crema agria y perejil.

Tortitas de okara con queso

2 tazas de okara
100 gramos de queso rallado o desmenuzado
1 huevo
1/4 de cebolla picada
1 taza de maizena

Se mezclan todos los ingredientes. Se forman las tortitas y se fríen hasta que tengan un dorado bonito. Se sirven con salsa de jitomate crudo con cebolla y chile.

Soya texturizada

Albóndigas vegetarianas

1 taza de picadillo de soya texturizada
1/4 de cebolla en trozo (para cocer el picadillo de soya)
1 diente de ajo (para cocer el picadillo de soya)
1/4 de cebolla finamente picada (para sazonar el picadillo)
1 diente de ajo finamente picado (para sazonar el picadillo)
2 huevos
3 jitomates
1 diente de ajo
1 cebolla chica
Pan molido (el necesario)

Ponga a cocer el picadillo de soya en agua hirviendo con ajo y cebolla a fuego lento por 15 minutos. Cuando esté listo, enjuáguelo muy bien 3 veces y exprímalo. Sazónelo con ajo y cebolla picados. Cuando esté listo, se revuelve con el huevo y se le agrega el pan necesario para formar las albóndigas. Se prepara el caldillo de jitomate con ajo y cebolla y se sazona. Cuando esté frito, se le agregan las albóndigas y se deja a fuego lento diez minutos.

Bacalao vegetariano

1/4 de kilo de zanahoria rallada
1/4 de kilo de papa
1 taza de soya texturizada en trozo
1/4 de cebolla en trozo (para cocer la carne de soya)
1 diente de ajo (para cocer la carne de soya)
1 cebolla grande
3 jitomates picados
5 dientes de ajo picados
1 manojo de perejil picado
1 frasco de aceitunas verdes
Chiles largos en vinagre al gusto
Aceite de olivo
Sal al gusto
El jugo de un limón

Ponga a cocer la carne de soya en agua hirviendo con ajo y cebolla a fuego lento por 15 minutos. Cuando esté lista, enjuáguela muy bien 3 veces y exprímala. Por separado se acitronan el ajo y la cebolla. Hecho esto, se agrega la soya, se le da una sofrita y se añade el jitomate. Cuando este último esté sazonado, se agregan el perejil y la sal, y se deja a fuego lento 5 minutos. Se añaden las zanahorias, las aceitunas, su jugo y las papas. Cuando las papas estén cocidas se apaga el fuego, se agregan el jugo de un limón y los chiles largos al gusto, y se deja reposar.

Carne de soya con jitomate

1 taza de carne de soya texturizada
1/4 de cebolla en trozo (para cocer la carne de soya)
1 diente de ajo (para cocer la carne de soya)
1/4 de cebolla finamente picada para sazonar la carne
1 diente de ajo picado para sazonar la carne
2 jitomates
1 cebolla chica

2 dientes de ajo
Sal al gusto
Aceite de maíz, el necesario

Ponga a cocer la carne de soya en agua hirviendo con ajo y cebolla a fuego lento por 15 minutos. Cuando esté lista, enjuáguela muy bien 3 veces, exprímala y dele una sofrita con ajo y cebolla picados. Licúe el jitomate con ajo y cebolla, agréguelo a la carne, y también agregue el agua necesaria. Se deja a fuego lento 15 minutos.

Carne de soya en salsa de tomate

1 taza de carne de soya texturizada en trozo
1/4 de cebolla en trozo (para cocer la carne de soya
1 diente de ajo (para cocer la carne de soya)
1/4 de cebolla finamente picada para sazonar la carne
1 diente de ajo picado para sazonar la carne
1/4 de kilo de tomate verde
1 manojo de cilantro
1 cebolla chica
1 diente de ajo
Sal al gusto
Aceite de maíz, el necesario

Ponga a cocer la carne de soya en agua hirviendo con ajo y cebolla a fuego lento por 15 minutos. Cuando esté lista, enjuáguela muy bien 3 veces y exprímala. Una vez cocida la carne, se corta en rebanadas delgadas y se sofríe en poco aceite con ajo y cebolla. Aparte, se prepara una salsa de tomate con cilantro, cebolla y ajo, y se agrega a la soya. Se pone sal al gusto y se añade agua hasta cubrir la soya. Se deja sazonar a fuego lento 15 minutos.

Picadillo de soya en salsa pasilla

1 taza de picadillo de soya texturizada
1/4 de cebolla en trozo (para cocer la carne de soya)

1 diente de ajo (para cocer la carne de soya)
1/4 de cebolla finamente picada para sazonar la carne
1 diente de ajo picado para sazonar la carne
3 chiles pasilla hervidos
1 diente de ajo
Sal al gusto
Aceite para freír

Ponga a cocer la el picadillo de soya en agua hirviendo con ajo y cebolla a fuego lento por 15 minutos. Cuando esté listo, enjuáguelo muy bien 3 veces y exprímalo. Sofríalo con ajo y cebolla. Aparte se licúa el chile con el ajo, se agrega a la soya, se sofríe junto, se agrega agua y se deja a fuego lento unos 15 minutos.

Carnitas vegetarianas

2 tazas de soya texturizada
1/4 de cebolla en trozo (para cocer la carne de soya)
1 diente de ajo (para cocer la carne de soya)
Salsa de soya, la necesaria
El jugo de dos limones
Aceite de maíz, el necesario

Ponga a cocer los trozos de carne de soya en agua hirviendo con ajo y cebolla a fuego lento por 15 minutos. Cuando esté lista, enjuáguela muy bien 3 veces y exprímala. Se le agrega la salsa de soya necesaria para que tome color, y el jugo de limón para que le dé sabor. Se deja reposar un rato, se fríe y se come en trozos acompañada con salsa.

Chícharos con carne

1 taza de carne de soya en trozo
1/4 de cebolla en trozo (para cocer la carne de soya)
1 diente de ajo (para cocer la carne de soya)

1/4 de cebolla finamente picada para sazonar la carne
1 diente de ajo picado para sazonar la carne
1 kilo de chícharo pelado
2 tazas de agua
Sal y pimienta al gusto
Aceite de maíz, el necesario

Se cuece la carne de soya por 15 minutos en agua hirviendo con ajo y cebolla. Se enjuaga muy bien tres veces, se exprime y se sofríe con ajo y cebolla. Por separado, los chícharos se lavan bien, se escurren y se fríen con poco aceite. Se les agregan la carne, la sal y el agua; se deja espesar y se apaga cuando los chícharos estén cocidos.

Chiles rellenos de picadillo de soya con papa

8 chiles poblanos
1 taza de picadillo de soya
1/4 de cebolla en trozo (para cocer la carne de soya)
1 diente de ajo (para cocer la carne de soya
1/4 de cebolla finamente picada para sazonar la carne
1 diente de ajo picado para sazonar la carne
2 papas cocidas
1 taza de harina
4 huevos
3 jitomates
1 trozo de cebolla
1 diente de ajo
1/2 cebolla partida en rajas
El relleno de su elección
Aceite de maíz, el necesario

Se cuece el picadillo de soya por 15 minutos en agua hirviendo con ajo y cebolla. Se enjuaga muy bien tres veces y se exprime. Mientras tanto, los chiles se asan, se pelan y se desvenan. Aparte se prepara el picadillo de soya friéndolo con cebolla, ajo y papa cocida finamente picada. Se rellenan los chiles con el picadillo, se cierran con un palillo y se espolvorean con harina. Se separan las claras de las yemas y se baten a punto de turrón. Se agregan las yemas y se revuelven bien. Se sumergen los chiles en el huevo y se fríen en una sartén con aceite a que se doren. Por separado, se licúan los jitomates, el pedazo de cebolla y el ajo. En un poco de aceite del que se usó para freír los chiles, se fríen rodajas de cebolla a que se sancochen y se les agrega el jitomate molido. Cuando la salsa espese se le agregan los chiles.

Ejotes con carne

1 kilo de ejotes pelados y partidos
1 taza de carne de soya en trozo
1/4 de cebolla en trozo (para cocer la carne de soya)
1 diente de ajo (para cocer la carne de soya)
1/2 cebolla chica
2 jitomates asados
1 pizca de pimienta
2 tazas de agua
Aceite de maíz, el necesario
Sal al gusto

Se cuece la carne de soya por 15 minutos en agua hirviendo con ajo y cebolla. Se enjuaga y se exprime. Aparte, se sancochan los ejotes con ajo y cebolla y se les agrega la carne de soya. En cuanto está sancochada, se les agrega el agua. Cuando los ejotes estén cocidos, se les agrega, la salsa de jitomate, sal y pimienta. Se dejan hirviendo a fuego lento hasta que la salsa espese, y se apaga.

Enchiladas verdes con picadillo

12 tortillas
1/2 kilo de tomate
2 tazas de picadillo de soya
1/4 de cebolla en trozo (para cocer la carne de soya)
1 diente de ajo (para cocer la carne de soya)

1/4 de cebolla finamente picada para sazonar la carne
1 diente de ajo picado para sazonar la carne
1 diente de ajo
1/4 de cebolla en trozo
1/2 taza de cebolla picada
2 chiles verdes
1 manojo de cilantro
1 hoja de lechuga
200 gramos de queso fresco rallado
Aceite de maíz, el necesario

El picadillo de soya se pone a cocer en agua hirviendo con ajo y cebolla por 15 minutos. Se enjuaga muy bien tres veces, se exprime y se sofríe con ajo y cebolla. Aparte, se licúan los jitomates, el ajo, la cebolla, los chiles, el cilantro, la sal y la hoja de lechuga. Esta salsa se fríe en una cacerola con poco aceite, se le agregan el picadillo y agua y se deja hervir hasta que espese. Se fríen las tortillas por ambos lados, se meten a la salsa verde, se rellenan con picadillo, se enrollan, se van acomodando en un platón y cuando están hechas todas las que se van a servir, se les pone encima más salsa verde, cebolla picada, lechuga picada y por último, queso rallado.

Entomatadas con queso y picadillo

12 tortillas
2 jitomates asados
2 tazas de picadillo de soya
1/4 de cebolla en trozo (para cocer el picadillo)
1 diente de ajo (para cocer el picadillo)
1/4 de cebolla finamente picada (para sazonar el picadillo)
1 diente de ajo picado (para sazonar el picadillo)
1/4 de cebolla en trozo
1/2 taza de cebolla picada
1 diente de ajo
2 chiles verdes asados

100 gramos de queso rallado
Aceite de maíz, el necesario
Sal al gusto

El picadillo de soya se pone a cocer en agua hirviendo con ajo y cebolla por 15 minutos. Se enjuaga muy bien, se exprime y se sofríe con ajo y cebolla. Aparte, se licúan con un poco de agua los jitomates, la cebolla en trozo, el ajo y los chiles. Se cuela la salsa y se pone a freír agregándole un poco de agua y sal, y se deja a fuego lento para que se sazone y espese. Por separado se fríen ligeramente las tortillas por ambos lados, se remojan en la salsa, se sacan, se rellenan con el picadillo, se enrollan y se colocan en un platón. Encima se les agrega salsa, queso rallado, y cebolla picada.

Espinacas con carne

1/2 kilo de espinaca
1 taza de carne de soya en trozos
1/4 de cebolla en trozo (para cocer el picadillo)
1 diente de ajo (para cocer el picadillo)
1/2 cebolla mediana picada
1 diente de ajo finamente picado
3 tazas de agua
Aceite de maíz, el necesario
Sal y pimienta al gusto

Se cuece la carne de soya en agua hirviendo con ajo y cebolla por 15 minutos. Se enjuaga y se exprime. Después de lavar muy bien la espinaca y picarla, se cuece. Por separado, en una cacerola se ponen a freír la cebolla, el ajo y la carne y se deja sofreír un rato. Después se agrega la espinaca cocida y por último el agua, la sal y la pimienta. Se deja hervir a fuego lento unos 15 minutos para que se integre bien el sabor de todos los ingredientes.

Habas con picadillo de soya

1/2 kilo de habas frescas chicas
1 taza de picadillo de soya texturizada
1/4 de cebolla en trozo (para cocer el picadillo)

1 diente de ajo (para cocer el picadillo)
2 huevos
2 dientes de ajo picados
1 cebolla picada
1 manojo chico de cilantro
1/2 cucharadita de mejorana
Sal y pimienta al gusto
Aceite de maíz, el necesario

Ponga a cocer el picadillo de soya en agua hirviendo con ajo y cebolla a fuego lento por 15 minutos. Cuando esté listo, enjuáguelo muy bien 3 veces, exprímalo y sofríalo con ajo y cebolla. Cuando esté listo, agregue las habas, el picadillo, agua hasta cubrirlos, la sal y la pimienta. Cuando las habas se cuezan, se les agregan los huevos y el cilantro, y se revuelve todo muy bien. Si se ve seco, se le agrega un poco más de agua.

Habas en salsa verde con carne

1 taza de soya en trozos
1/4 de cebolla en trozo (para cocer el picadillo)
1 diente de ajo (para cocer el picadillo)
1 kilo de habas frescas
1/2 kilo de tomate verde
1/4 de cebolla
1 diente de ajo
2 tazas de agua
Un poco de cilantro

Se cuece la carne de soya por 15 minutos en agua hirviendo con ajo y cebolla. Se enjuaga, se exprime y se sofríe con ajo y cebolla. Aparte, se lavan las habas, se escurren y se ponen en una cacerola con un poco de aceite y se sancochan. Por separado, se licúan el tomate, la cebolla, el ajo y el cilantro. Se agrega esta salsa a las habas y luego se agregan la carne, el agua y sal. Se deja hervir hasta que las habas se cuecen y la salsa espese.

Hamburguesas vegetarianas

1 taza de picadillo de soya texturizada
1/4 de cebolla en trozo (para cocer el picadillo)
1 diente de ajo (para cocer el picadillo)
1 cebolla chica picada
1 manojito de perejil picado
1 huevo
Pan molido (el necesario para unir)
Sal y pimienta al gusto
Aceite para freír

Ponga a cocer el picadillo de soya en agua hirviendo con ajo y cebolla a fuego lento por 15 minutos. Cuando esté listo, enjuáguelo muy bien 3 veces y exprímalo. Se revuelve con todos los ingredientes, se hacen tortitas, se fríen y se sirven con salsa y ensalada.

Macarrón con picadillo

1 cebolla finamente picada
2 tazas de picadillo de soya
1/4 de cebolla en trozo (para cocer el picadillo)
1 diente de ajo (para cocer el picadillo)
1/2 paquete de macarrón
5 jitomates
1/4 de cebolla
1 diente de ajo
4 tazas de agua
Albahaca al gusto
Pimienta y sal al gusto

Se cuece el picadillo de soya en agua hirviendo con ajo y cebolla por 15 minutos. Se enjuaga y se exprime. Por separado se cuece el macarrón con agua y sal. Se enjuaga con agua fría y se escurre. Mientras tanto, se asan los jitomates y se licúan junto con la cebolla y el ajo. Esta salsa se fríe y se le agregan el picadillo, el agua y la albahaca. Se deja hervir a fuego lento hasta que se consuma el agua y quede una salsa espesa. En una cacerola se forma una cama con la mitad del macarrón, sobre ésta se pone el picadillo y por último la otra mitad de macarrón. Encima se vierte salsa de jitomate con picadillo y la cacerola se pone a fuego lento unos 20 minutos para que se dore la parte de abajo. Al retirarse de la lumbre se vacía en un platón para que la parte dorada quede arriba.

Picadillo vegetariano sencillo

1 taza de picadillo de soya texturizada
1/4 de cebolla en trozo (para cocer el picadillo de soya)
1 diente de ajo (para cocer el picadillo de soya)
1 cebolla picada
1 taza de agua
Sal y pimienta al gusto
Aceite de maíz, el necesario

Ponga a cocer el picadillo de soya en agua hirviendo con ajo y cebolla a fuego lento por 15 minutos. Cuando esté listo, enjuáguelo muy bien 3 veces y exprímalo. Por separado, se acitrona la cebolla y se le agrega la soya. Se sofríe, se agregan la sal, la pimienta y una taza de agua. Debe quedar como picadillo de res.

Picadillo vegetariano a la mexicana

1 taza de picadillo de soya texturizada
1/4 de cebolla en trozo (para cocer el picadillo de soya)
1 diente de ajo (para cocer el picadillo de soya)
2 chiles poblanos picados
1 papa pelada y picada
2 jitomates chicos picados
1 cebolla chica picada
Sal y pimienta al gusto
Aceite de maíz, el necesario

Ponga a cocer el picadillo de soya en agua hirviendo con ajo y cebolla a fuego lento por 15 minutos. Cuando esté listo, enjuáguelo muy bien 3 veces y exprímalo. Por separado se fríe la cebolla, y cuando esté dorada se agrega el picadillo y se sofríe bien. Cuando esté listo se agregan los demás ingredientes y se deja cocer a fuego lento.

Tacos de picadillo

12 tortillas
1 taza de picadillo de soya
1/4 de cebolla en trozo
   (para cocer el picadillo de soya)
1 diente de ajo (para cocer el picadillo de soya)
1/2 cebolla picada
1 chile chipotle
2 jitomates asados
1 diente de ajo
1 puño de aceitunas verdes picadas
Sal al gusto
Aceite de maíz, el necesario

El picadillo de soya se pone a cocer en agua hirviendo con ajo y cebolla por 15 minutos. Se le tira el agua, se enjuaga y se exprime. Aparte, se licúan el jitomate, el chipotle, la cebolla, el ajo y la sal. Se pone el picadillo en una sartén y se le vacía la salsa que acabamos de hacer y las aceitunas picadas. Se deja a fuego lento hasta que casi se consuma la salsa. Cuando esté listo, se extiende el picadillo en las tortillas, se enrollan una por una y se fríen.

Tamales oaxaqueños

1 kilo de masa de nixtamal
2 tazas de picadillo de soya sazonado
2 jitomates asados
1/4 de kilo de chiles costeños asados
2 dientes de ajo asados
1 pedazo de cebolla asada
Un poco de pimienta, mejorana, clavo y sal
Hojas de plátano, las necesarias
Aceite de maíz, el necesario

El picadillo de soya se pone a cocer en agua hirviendo con ajo y cebolla por 15 minutos. Se le tira el agua, se enjuaga y se exprime. Aparte, se licúan los jitomates, los chiles, el ajo, la cebolla, la pimienta, el clavo y la mejorana. Esta salsa se vacía en una sartén, se la agregan el picadillo de soya, una poca de sal y agua y se deja sazonar a fuego lento. Se apaga y se deja enfríar.

Por separado, a la masa se le agrega el agua necesaria para ablandarla, y un poco de sal. Las hojas se limpian con un trapo, se calientan un poco para que no se quiebren y se les quitan las orillas. Se les unta un poco de agua con aceite, se toma una bolita de masa, se extiende con las manos tratando de que quede delgada y se le agrega el picadillo. Se dobla primero en tres partes, tratando de tapar el tamal, y ya después a la mitad, quedando en forma de cuadro. Se pone agua en el compartimiento bajo de la tamalera, se colocan los tamales paraditos y se ponen a la lumbre a cocerse al vapor por espacio de 20 minutos.

Torta árabe

1 taza de picadillo de soya texturizada
1/4 de cebolla en trozo (para cocer el picadillo de soya)
1 diente de ajo (para cocer el picadillo de soya)
3 huevos
3 papas
Sal y pimienta al gusto
Aceite de maíz, el necesario

Ponga a cocer el picadillo de soya en agua hirviendo con ajo y cebolla a fuego lento por 15 minutos. Cuando esté listo, enjuáguelo muy bien 3 veces y exprímalo. Una vez cocido, se le agregan el huevo, la sal y la pimienta y se revuelve todo muy bien. En una sartén con aceite caliente se acomoda la soya de forma que quede como torta. Cuando ya está dorada por el lado de abajo, se voltea con una tapadera para que se fría del otro. Una vez dorada de ambos lados, se pasa a una olla con agua hasta donde tape la torta, y se deja cocer a fuego lento. Aparte se cortan las papas en trozos chicos. Se fríen y se agregan a la olla después de poner la torta. Se dejan a fuego lento hasta que se cuezan.

Tortitas de acelgas

1 kilo de acelga finamente picada
1 taza de picadillo de soya texturizada
1/4 de cebolla en trozo (para cocer el picadillo de soya)
1 diente de ajo (para cocer el picadillo de soya)
1 taza de harina
1 huevo entero
1/2 cucharadita de pimienta
Sal al gusto
Aceite de maíz, el necesario

Se cuece el picadillo de soya por 15 minutos en agua hirviendo con ajo y cebolla. Se enjuaga y se exprime. Aparte, se cuecen las acelgas, se enjuagan con agua fría y se exprimen muy bien para que no les quede agua. Se ponen en cualquier recipiente y se les va agregando la harina, tratando de revolverla muy bien. Después se agregan el huevo, la sal y la pimienta. Por último se agrega el picadillo hasta formar una masa y se hacen las tortitas, a las cuales se les dará la forma de hamburguesas chicas y no muy gruesas. Las tortitas se fríen y se ponen a escurrir. Quince minutos antes de servirlas, se acomodan en una cacerola grande, se les pone un poco de agua y se ponen a hervir a fuego lento para servirlas calientes.

Tortitas de picadillo vegetarianas

1 taza de picadillo de soya texturizada
1/4 de cebolla en trozo (para cocer el picadillo de soya)
1 diente de ajo (para cocer el picadillo de soya)
2 huevos
3 chiles pasilla
1 diente de ajo
Aceite de maíz, el necesario
Agua, la necesaria
Sal y pimienta al gusto

Ponga a cocer el picadillo de soya en agua hirviendo con ajo y cebolla a fuego lento por 15 minutos. Cuando esté listo, enjuáguelo muy bien 3 veces y exprímalo. Por separado se licúa el chile con el ajo, se sazona, y se deja reposar. Al picadillo de soya se le agregan los demás ingredientes, se hacen tortitas, se fríen y se agregan a la salsa de chile. Se deja cocer 15 minutos.

Amaranto

Acelgas con pasas

1 kilo de acelgas tiernas y frescas
1 taza de amaranto
2 dientes de ajo
150 gramos de pasas
Sal al gusto

Las acelgas se lavan muy bien y se escurren. Se ponen a cocer con un mínimo de agua. Una vez cocidas y escurridas, se pican finamente. Aparte se acitronan los ajos y se agregan las acelgas, las pasas y el amaranto. Se sazonan con sal y se dejan al fuego 5 minutos más.

Guisado de berenjenas

1 kilo de berenjenas
1 taza de amaranto
3 cebollas medianas
5 jitomates
1 pimiento morrón rojo
300 gramos de queso chihuahua rallado
Sal y pimienta al gusto

Se pelan las berenjenas y se cortan a lo largo. Se remojan por media hora en agua con sal. Se secan y se acitronan. Se acomodan en un refractario. Aparte, la cebolla se corta en rebanadas y se acitrona. Mientras tanto el jitomate se licúa con el pimiento morrón y esta mezcla se le agrega a la cebolla sazonando con sal y pimienta, agregando el amaranto. Por último, se vierte esta salsa encima de las berenjenas, luego se cubren con queso rallado y se hornean a fuego lento hasta que se gratine el queso.

Berenjenas con aceitunas

2 berenjenas largas
4 huevos
1 kilo de jitomate
1/2 taza de perejil
1/2 taza de aceitunas
1/4 de taza de alcaparras
1 taza de pan molido
1/2 taza de amaranto
Sal y aceite de maíz al gusto

Se lavan las berenjenas, se rebanan en rodajas gruesas y se ponen a remojar media hora en agua con sal. Mientras tanto, se revuelve el pan molido con el amaranto y cuando se sacan las berenjenas del agua, se empanizan con esta mezcla. Se baten los huevos en una cacerola, se les pone sal y las rodajas de berenjena empanizadas se pasan rápidamente por el huevo y se fríen en aceite caliente. Aparte se prepara una salsa con los jitomates asados, y cuando suelta el hervor, se ponen las rodajas de berenjena fritas y se dejan cocer a fuego lento por 5 minutos. Antes de retirarlas del fuego se agregan las aceitunas y las alcaparras. Se sirven calientes.

Berenjenas con chile pimiento

4 berenjenas peladas y rebanadas
2 chiles pimientos partidos en rajas (uno verde y uno rojo)
3 jitomates rebanados
4 cucharadas de amaranto
2 tazas de agua
Sal y pimienta al gusto

Se fríen las rebanadas de berenjena y se aparta la mitad. A la mitad que quedó en la cacerola se le ponen la mitad del jitomate rebanado, del amaranto y del chile pimiento. Sobre esta capa se acomodan la otra mitad de berenjena, jitomate, amaranto, chile pimiento, sal y pimienta. Se agrega el agua y se pone a cocer a fuego lento hasta que el agua casi se consuma.

Berenjenas con garbanzos

3 berenjenas peladas y partidas en cuadritos
2 cucharadas de amaranto
1 puño de garbanzos hervidos y pelados
25 gramos de mantequilla
1/2 cebolla mediana finamente picada

Se acitrona la cebolla, se le agrega la berenjena y se deja sancochar. Se agregan una capa de agua, sal, los garbanzos y el amaranto, y se deja a fuego lento hasta que casi se consuma el agua. Se le agrega la mantequilla en pedazos, se revuelve un poco, se tapa para que con el calor se deshaga la mantequilla, y se sirve.

Berenjenas empanizadas con amaranto

2 berenjenas medianas
1 taza de amaranto
1 taza de pan molido
1 huevo
Mostaza al gusto
Aceite de maíz, el necesario
Sal al gusto

Las berenjenas se pelan, se rebanan y se remojan por media hora en agua con sal. Después de este tiempo se sacan del agua, se escurren, se secan y se embarran con mostaza. Se mezclan el pan molido y el amaranto. Se bate el huevo con sal, se meten las berenjenas y se empanizan. Se fríen por ambos lados y se sirven con ensalada.

Medias de berenjena

2 berenjenas partidas en rajas
1 taza de amaranto
1/4 de kilo de queso panela
2 huevos
1 diente de ajo machacado
Aceite de maíz, el necesario

Se cortan las berenjenas en rebanadas no muy gruesas ni muy delgadas. Se ponen a remojar en agua por 10 minutos y se exprimen. Por separado se revuelven el queso, el huevo, el amaranto y el ajo. A las berenjenas se les raspa una poca de la pulpa para poder rellenarlas con el queso. Se fríen del lado de donde se les puso el relleno, se retiran y se acomodan en una cacerola con agua al ras de las berenjenas. Se les agrega sal y se dejan cocer a fuego lento hasta que se consuma el agua. Se sirven calientes.

Borrecas con berenjena

1/2 kilo de masa de volován
4 berenjenas
1 taza de amaranto
250 gramos de queso chihuahua
50 gramos de mantequilla
100 mililitros de crema
1/2 bolillo remojado y exprimido
1 huevo
Sal al gusto

Las berenjenas se asan, se pelan, se les saca la semilla y se pican. Se revuelven con el amaranto, el queso, la mantequilla, el bolillo, la crema y un poco de sal. Por separado se extiende la pasta de volován con un rodillo, de modo que no quede muy gruesa ni muy delgada. Con un vaso se van cortando ruedas, las cuales se doblan, se rellenan y se pegan de las orillas para que queden como quesadillas. Se barnizan con una yema de huevo batida, y encima se les pone un copito de queso. Se meten en una charola al horno a 350 grados hasta que queden doradas.

Volován con berenjena

1/2 kilo de masa de volován
4 berenjenas
1 taza de amaranto
250 gramos de queso chihuahua
50 gramos de mantequilla

100 mililitros de crema
1/2 bolillo remojado y exprimido
1 huevo
Sal al gusto

Las berenjenas se asan, se pelan, se les saca la semilla y se pican. Se revuelven con el amaranto, el queso, la mantequilla, el bolillo, la crema y un poco de sal. Por separado se extiende la pasta de volován con un rodillo, de modo que no quede muy gruesa ni muy delgada. Se coloca el refractario encima, con la idea de cortar dos trozos del tamaño del refractario. Uno de los pedazos se usará para ponerlo como base en el refractario, y el otro como tapa. Se extiende una de las pastas en el refractario y se le agrega el relleno. Posteriormente se pone la capa de arriba, se corta el extendido en cuadros, se barniza con un poco de yema de huevo batido, se pone encima de cada cuadro un copito de queso rallado, y se mete al horno a 350 grados, hasta que esponje muy bien y se ponga de color dorado.

Brocoli gratinado

1/2 kilo de brocoli
1/2 taza de amaranto
50 gramos de mantequilla
1/4 de litro de crema
1 taza de salsa blanca
250 gramos de queso chihuahua

Se desmembra el brocoli y se cuece. Se revuelve el queso con el amaranto. Aparte se unta un refractario con mantequilla, se distribuyen bien los trocitos de brocoli, y sobre ellos se ponen trocitos de mantequilla, la mezcla de queso y amaranto, crema, y sobre todo esto, salsa blanca. Se mete el refractario al horno durante 20 minutos hasta que se gratine el queso.

Calabacitas con flor de calabaza

1/2 kilo de calabacitas picadas
1/2 cebolla picada
1 rama de epazote

1 chile serrano
1 manojo de flor de calabaza
1 rama de cilantro
1 elote desgranado
2 cucharadas de amaranto
Aceite de maíz, el necesario
Sal al gusto

Se pone a freír la cebolla, se agregan las calabacitas y se dejan sancochar a fuego lento moviéndolas de vez en cuando. Cuando estén a medio cocer, se agregan la flor de calabaza, el chile serrano, el epazote, el elote, el cilantro, el amaranto y un poco de sal. Se deja otro rato a fuego lento hasta que la flor suelte su propio jugo, se haya sazonado bien, y la calabaza ya se haya cocido.

Calabazas árabes

1/2 kilo de calabaza picada
1/2 cebolla picada
3 cucharadas de amaranto
1 chile serrano partido a la mitad
Sal y pimienta al gusto

Se acitrona la cebolla, se le agregan el chile, las calabazas y el amaranto; se baja la lumbre. Se agregan la pimienta, la sal y un poco de agua. Se cocina a fuego lento hasta que la calabaza esté bien cocida.

Calabazas rellenas

20 calabazas medianas
1 barra chica de mantequilla
1/2 taza de garbanzo cocido y pelado
1 taza de arroz
3 cucharadas de aceite
3 cucharadas de amaranto
Aceite de maíz, el necesario
Sal al gusto

A las calabazas se les corta la punta para sacarles la pulpa, se espolvorean con un poco de sal por dentro y por fuera y se dejan reposar por tres horas. Antes de rellenarlas se enjuagan muy bien para quitarles la sal.

Se cuece el arroz. Cuando esté listo, y todavía caliente, se le agregan la mantequilla, los garbanzos cocidos, el amaranto, y se deja enfriar. Se vacía en una palangana, se revuelve muy bien con las manos y se rellenan las calabazas solamente a la mitad de su capacidad, sin apretar mucho el relleno, porque de hacerlo se corre el riesgo de que se revienten las calabazas, o se salga el arroz.

Una vez rellenas, por separado pone a la lumbre una cacerola grande con un chorro de aceite. Cuando el aceite se queme, se retira la cacerola del fuego, se deja enfriar un poco el aceite, y se acomodan las calabazas una tras otra, tratando de taparles el orificio por el que se rellenaron. Las que no quepan en el fondo de la cacerola, se colocan encima de la primera capa. Cuando están acomodadas, se regresa la cacerola al fuego, se dejan sancochar las calabazas un rato, se agregan unos pedazos más de mantequilla, una capa de agua y un poco de sal. En cuanto el agua empieza a hervir, se baja la flama y se deja hirviendo a fuego lento. Al secarse la primera capa de agua se agrega una segunda y última, con la que se terminarán de cocer las calabazas.

Coliflor capeada en salsa de jitomate

1 coliflor separada en trozos medianos y cocida
3 huevos
3 cucharadas de amaranto
Una pizca de comino
Aceite de maíz, el necesario

Para la salsa:

2 jitomates
1 trozo de cebolla
1 diente de ajo

2 cucharadas de harina (de preferencia de amaranto)
1 chile serrano
Sal al gusto

A la coliflor cocida se le rocía un poco de sal y se espolvorea con harina. Por separado, se baten las claras a punto de turrón, se les agregan las yemas y se sigue batiendo, tratando de revolver las yemas con las claras. Al huevo se le agregan el comino y el amaranto, y allí mismo se sumergen los trozos de coliflor, tratando de bañarlos por todos lados. Se fríen en una sartén con un poco de aceite a que queden dorados. Por separado se prepara la salsa licuando todos los ingredientes y friéndola. Se deja hervir un rato con un poco de sal. Antes de que empiece a espesar la salsa se ponen las coliflores y se dejan hirviendo hasta que la salsa no quede ni muy aguada ni muy espesa.

Crepas

1/2 taza de leche
1 huevo
3/4 de taza de harina blanca
1/4 de taza de harina de amaranto
3 cucharadas de amaranto
1 taza de agua

Se revuelven muy bien los ingredientes. En una sartén chica untada con aceite se vierte un poco de la mezcla y se hacen las crepas a que no queden gruesas, ni muy delgadas. Se rellenan con alguno de los siguientes rellenos:

Relleno de flor de calabaza o huitlacoche

4 manojos de flor de calabaza ó 4 huitlacoches
3 cucharadas de amaranto
5 ramitas de epazote
1/2 cebolla picada
1 ajo picado
1 taza de granos de elote cocidos
1 chile verde picado

Se ponen a freír la cebolla y el ajo. Se agrega la flor de calabaza o el huitlacoche, después el epazote, los granos de elote, el amaranto, el chile y sal. Se deja sazonar a fuego lento hasta que la flor de calabaza o el huitlacoche suelte su propio jugo, sin ponerle agua. Se deja sazonar hasta que seque. Se rellenan las crepas, se doblan, se enrollan y se colocan en un refractario de manera que no queden muy apretadas. Se prepara una salsa blanca (ver aderezos) y se le echa encima, junto con los quesos rallados. Se meten al horno por media hora.

Relleno de queso y champiñón

300 gramos de queso chihuahua rallado
3 cucharadas de amaranto
1 taza de hongos cocidos

Se revuelven el queso, el amaranto y los champiñones; se rellenan las crepas, se acomodan en un refractario y se meten al horno por media hora.

Relleno de granos de elote y rajas

2 jitomates asados
3 cucharadas de amaranto
1/4 de cebolla
2 chiles poblanos asados, pelados, desvenados
  y partidos en rajas
1 taza de granos de elote cocidos
200 gramos de queso chihuahua o manchego
1/4 de litro de crema
Aceite de maíz, el necesario

Los chiles poblanos se asan, se pelan, se desvenan y se cortan en rajas. Aparte se licúan los jitomates, la cebolla y el amaranto. Esta salsa se fríe en un poco de aceite y se sazona con sal. Se le agregan las rajas de chile poblano. En un refractario se acomoda una capa de crepas extendidas y sobre ellas se coloca una capa de salsa con rajas, un puñado de granos de elote bien extendidos, un puñado de queso y un poco de crema. Se repite esta operación sucesivamente hasta que se formen varias capas, rematando con un poco de crema y salsa. Se mete al horno por media hora a temperatura media.

Chiles rellenos con flor de calabaza, elote y queso

3 manojos de flor de calabaza picada
1/2 cebolla picada
2 elotes desgranados y cocidos
8 chiles poblanos
1/2 litro de crema
300 gramos de queso chihuahua
50 gramos de mantequilla
4 cucharadas de amaranto

Los chiles poblanos se asan, se pelan y se desvenan. Aparte se acitrona la cebolla con el elote. Se tapa durante 5 minutos, se agregan la flor de calabaza picada y la mitad de crema. Se rellenan los chiles con esta mezcla, se colocan en un refractario y se les pone encima el queso rallado revuelto con el amaranto y la mantequilla. Se bañan con la crema restante y se meten al horno.

Chiles rellenos de frijoles, queso y elotes

8 chiles poblanos asados
2 tazas de frijoles refritos
200 gramos de queso oaxaca
2 elotes desgranados y cocidos
1/4 de litro de crema

Salsa:

3 jitomates cocidos
3 cucharadas de amaranto
1/4 de cebolla
1 diente de ajo
Aceite de maíz, el necesario
Sal al gusto

Los chiles se asan, se pelan y se desvenan. Se rellenan con los frijoles y el queso y se cierran con un palillo. Se acomodan en un refractario, poniendo encima de cada chile unos granos de elote. Por separado se licúan los jitomates, el amaranto, el ajo y la cebolla, y esta salsa se fríe sazonándola con sal, y se deja espesar ligeramente. Cuando esté lista, con una cuchara se vacía sobre los chiles que están en el refractario, teniendo cuidado de no quitar los granos de elote. Se remata cada chile con una cucharada de crema, y antes de servirse se meten al horno por 15 minutos.

Ejotes con trigo

1 taza de trigo limpio, lavado y remojado toda la noche
1 taza de amaranto
1 kilo de ejotes partidos en cocolitos
1 cebolla grande picada
1 cabeza de ajos
1 kilo de jitomate
Sal al gusto

Se cuece el trigo con la cabeza de ajos y sal. Aparte se acitrona la cebolla picada, se agregan los ejotes y se les añade el jitomate molido y colado. Cuando suelta el hervor, se vacían el trigo y el amaranto, se sazona y se deja hervir a fuego lento con la cazuela tapada hasta que los ejotes estén tiernos.

Elotes con rajas y queso

4 chiles poblanos
8 elotes desgranados y cocidos
1 cebolla cortada en rebanadas
1/4 de litro de crema
300 gramos de queso oaxaca
2 jitomates asados
1 ajo
1/4 de cebolla en trozos
50 gramos de mantequilla
2 cucharadas de amaranto
Sal al gusto

Se asan los chiles poblanos, se pelan, se desvenan y se parten en rajas. Por separado se muele el jitomate con ajo y cebolla. En una cacerola se pone a sancochar la cebolla cortada en rebanadas y después se le agregan las rajas de chile poblano. Se agregan la salsa de jitomate y sal al gusto.

En un refractario grande untado con mantequilla, se pone la mitad de los granos de elote bien repartidos, se agrega un poco de la salsa, del queso y crema. Por último, se agregan la otra mitad de granos de elote, el sobrante de la salsa, la crema y otro poco de queso. Antes de servirse a la mesa se mete al horno 20 minutos.

Enchiladas verdes

12 tortillas
1/2 kilo de tomate verde
3 cucharadas de amaranto
1 diente de ajo
1/4 de cebolla en trozo
1/2 taza de cebolla finamente picada
2 chiles verdes
1 manojo de cilantro
1 hoja de lechuga
200 gramos de queso fresco rallado
2 tazas de lechuga finamente picada
Aceite de maíz, el necesario
Sal al gusto

Se cuecen los tomates y se licúan junto con el amaranto, el ajo, la cebolla en trozo, los chiles, el cilantro, y la hoja de lechuga. Esta salsa se fríe en una cacerola con poco aceite, se le agrega agua y se deja hervir hasta que espese. Se fríen las tortillas por ambos lados, se meten a la salsa verde, se les pone queso rallado, se enrollan, se van acomodando en un platón y cuando están hechas todas las que se van a servir, se les pone encima más salsa verde, cebolla picada, lechuga picada y por último otro poco de queso rallado y amaranto.

Entomatadas con queso

2 jitomates asados
3 cucharadas de amaranto
1/4 de cebolla en trozo
1/2 taza de cebolla picada
1 diente de ajo
1 chile verde asado
12 tortillas preparadas con masa de amaranto
1 taza de queso fresco rallado
2 tazas de lechuga finamente picada
Aceite de maíz, el necesario
Sal al gusto

Se licúan con un poco de agua los jitomates, el amaranto, la cebolla, el ajo y los chiles. Se cuela la salsa y se pone a freír. Se le agrega la sal y se deja a fuego lento para que se sazone y espese. Por separado se fríen ligeramente las tortillas por ambos lados, se remojan en la salsa, se sacan, se enrollan y se colocan en un platón. Encima se les agrega más salsa de jitomate, queso rallado, lechuga y cebolla.

Hamburguesas de acelgas

1 pan negro de caja chico
2 cucharadas de mostaza
1/2 frasco chico de mayonesa
1 1/2 kilos de acelgas muy frescas
1/2 taza de amaranto
2 huevos
Leche evaporada, la necesaria
Pan molido, el necesario

Las acelgas se lavan muy bien, se les quitan los rabos, se escurren, se pican y se sancochan. Se remoja el pan en la leche, se desbarata y se le agregan las acelgas. Todo se revuelve con los demás ingredientes, excepto el pan molido. Se forman las hamburguesas, se pasan por pan molido y se fríen.

Nopales capeados con queso y salsa pasilla

12 nopales chicos
12 rebanadas de queso manchego
4 huevos
1 taza de harina
3 cucharadas de amaranto
3 chiles pasilla
2 jitomates
1 diente de ajo
1/4 de cebolla
Aceite de maíz, el necesario
Sal al gusto

Se cuecen los nopales. Se coloca una rebanada de queso sobre una de las caras de cada nopal y se revuelcan con cuidado sobre la harina. Se separan los huevos y las claras se baten a punto de turrón. Se incorporan las yemas y se revuelven bien. Se sumerge cada nopal en el huevo, cuidando que no se despegue la rebanada de queso, y se ponen a freír de los dos lados hasta que queden de un color dorado claro. Por separado, se licúan los chiles pasilla y jitomates asados, el amaranto, la cebolla y el ajo. En el mismo aceite donde se frieron los nopales, se pone a freír esta salsa, se sazona con sal y se le pone un poco de agua. Se deja hervir hasta que espese ligeramente y se sumergen en ella cada uno de los nopales capeados, dejándolos por unos minutos a que se sazonen.

Nopales con rajas

12 nopales
1/2 taza de amaranto
1 cebolla partida en rodajas
1/2 cucharadita de comino
2 chiles poblanos
1 manojo de cilantro picado
2 aguacates medianos
Sal al gusto

Se parten los nopales en rajas y se cuecen.
se asan, se pelan, se desvenan y se parten en rajas...
cebolla, se le agregan las rajas de chile y luego los nop-
amaranto, el comino y la sal. Al servirse se les pone encima
el cilantro y el aguacate.

Pastel de espinacas

1 kilo de espinaca picada
1/2 taza de amaranto
500 gramos de queso chihuahua o manchego rallado
25 gramos de mantequilla
3 huevos
1/2 cebolla finamente picada
1/2 vaso de agua
Aceite de maíz, el necesario
Sal al gusto

Después de lavar muy bien la espinaca, se pone a cocer en agua con un poco de sal. Se escurre en una coladera. Aparte se fríe la cebolla y se le agrega la espinaca para que se sancoche. Se le agrega 1/2 vaso de agua y se apaga. Por separado, al queso se le revuelven trozos de mantequilla y se le agregan los huevos enteros y el amaranto. Esta mezcla no debe quedar muy espesa, ni muy aguada. Se aparta una cuarta parte para ponerla encima del pastel. Se revuelve el queso con la espinaca de modo que no quede muy espesa, ni muy aguada. En un refractario untado con mantequilla se vacía la mezcla, se extiende muy bien y encima se le pone la mezcla de queso y huevo que se apartó. Se mete al horno a 350 grados por 30 minutos o hasta que se vea dorada la parte de encima del pastel. Al servirse se acompaña con yogurth.

Rajas de chile poblano con papa

1/2 kilo de chiles poblanos
3 papas partidas en rodajas
1 cebolla partida en rajas
1/4 de cebolla en trozo

3 jitomates
4 cucharadas de amaranto
1 diente de ajo
3 papas partidas en rodajas
Aceite de maíz, el necesario
Sal al gusto

Los chiles poblanos se asan, se pelan, se desvenan y se parten en rajas. Se fríe la cebolla partida en rajas y se le agregan las rajas de chile poblano y las papas; se deja sazonar a fuego lento. Mientras tanto, los jitomates se licúan con el amaranto, la cebolla y el ajo, y se agrega a las rajas y papas. Se les pone un poco de sal y se dejan a fuego lento hasta que las papas se cuezan.

Tortillas de masa con amaranto

1/2 kilo de masa para tortillas
1 taza de amaranto
1 pizca de sal
1 taza de okara

Se juntan todos los ingredientes y se amasan bien. Si es necesario se agrega un poco de agua a la masa. Se deja reposar 10 minutos y se hacen las tortillas, sopes, picadas, quesadillas, etc.

Quesadillas

Una vez preparada la masa para tortillas con amaranto, se hacen bolitas uniformes y se aplasta cada una con el tortillero, protegiéndolo con plástico para poder separar la tortilla, se rellenan con las siguientes sugerencias y se fríen.

Quesadillas de champiñones

750 g de masa para tortilla
1/2 kilo de champiñones crudos picados
3 cucharadas de amaranto

1/4 de cebolla picada
1 chile serrano picado
1 diente de ajo picado
1 rama de epazote seco
Aceite de maíz, el necesario
Sal al gusto

Se acitrona la cebolla, se agregan los champiñones, el amaranto, el ajo, un poco de sal y epazote. Se revuelve todo muy bien, se tapa y se baja la lumbre. No se le tiene que poner agua porque el champiñón suelta su propio jugo. Se colocan los champiñones preparados en las tortillas extendidas, se doblan y se fríen.

Quesadillas de queso con rajas

750 g de masa para tortilla
4 chiles poblanos
4 cucharadas de amaranto
100 gramos de queso oaxaca deshebrado
1 trozo de cebolla finamente picada
1 diente de ajo finamente picado

Los chiles poblanos se asan, se pelan, se desvenan, se parten en rajas y se fríen con un poco de cebolla, amaranto y ajo finamente picado. Aparte se deshebra el queso. Cuando las rajas están listas se colocan en las tortillas extendidas junto con un poco de queso, se doblan y se fríen.

Quesadillas de frijol, queso y rajas

750 g de masa para tortilla
2 tazas de frijoles refritos
4 cucharadas de amaranto
250 gramos de queso fresco partido
   en cuadritos
2 chiles poblanos
1/4 de cebolla rebanada

Los chiles poblanos se asan, se pelan, se desvenan y se parten en rajas, las que se ponen a freír junto con la cebolla y el ajo. Se calientan los frijoles, se extienden sobre las tortillas y se les agregan las rajas y el queso. Se doblan, se cierran y se fríen.

Quesadillas de papa con queso

750 g de masa para tortilla
4 papas cocidas
4 cucharadas de amaranto
200 gramos de queso manchego rallado
Sal al gusto

Las papas cocidas se muelen y se revuelven con el amaranto y el queso. Se les pone un poco de sal. Se extiende la papa sobre las tortillas, se doblan, se cierran y se fríen.

Sopes sencillos

750 g de masa para tortilla
1 manojo de cilantro picado
1/4 de cebolla finamente picada
100 gramos de queso rallado
Salsa de chile al gusto

Una vez lista la masa, se palmean las tortillas, se echan a un comal caliente a que se cuezan, se voltean, se sacan y se pellizcan de la orilla. Se les pone salsa, cilantro, cebolla y queso fresco rallado.

Sopes con frijoles

750 g de masa para tortilla
1 taza de frijoles refritos
1 taza de crema
100 gramos de queso rallado
1 aguacate picado

6 hojas de lechuga picadas
1 jitomate rebanado
1/2 cebolla en rebanadas
Salsa de chile al gusto

Una vez lista la masa, se palmean las tortillas, se echan a un comal caliente a que se cuezan, se voltean, se sacan y se pellizcan de la orilla. Se les ponen frijoles refritos calientes, queso rallado, crema, aguacate picado, lechuga picada, jitomate rebanado, cebolla rebanada y salsa.

Tacos de papa

12 tortillas preparadas con masa
   con amaranto
2 jitomates cocidos
1/4 de cebolla
1 diente de ajo
1 chile serrano
4 papas cocidas
2 cucharadas de amaranto
Aceite de maíz, el necesario
Sal al gusto
Guacamole, al gusto

Las papas cocidas se pelan y se hacen puré, agregándoles el amaranto. Por separado se licúan el jitomate con el ajo, la cebolla y el chile. Se fríe la salsa de jitomate, se le agrega el puré y un poco de sal. Se extiende la papa sobre la tortilla, se enrolla y se fríen a que se doren. Se sirven decorándolos con guacamole.

Tortitas de trigo, soya y amaranto

1/2 kilo de trigo molido
1 taza de amaranto
2 tazas de okara
1 manojo de perejil finamente picado

1 cebolla finamente picada
1/2 cucharadita de pimienta
1/4 de cucharadita de cominos
Sal y pimienta al gusto
Aceite para freír
Harina o pan molido, lo necesario

Se remoja el trigo 3 horas. Se enjuaga y exprime. Se revuelven todos los ingredientes hasta formar una pasta suave. Se hacen tortitas y se fríen. Se sirven con ensalada.

VII. POSTRES

Leche de soya

Cajeta

12 tazas de leche de soya
4 tazas de maizena
4 tazas de azúcar
2 tazas de agua
Rajas de canela

Se hierve la leche con la canela por 20 minutos. Mientras la leche hierve, la maizena se disuelve en agua y al pasar los 20 minutos se agrega a la leche, junto con el azúcar. Se tiene que mover constantemente para que se desbaraten las bolitas que se formen. Aparte, se calienta un poco de azúcar hasta que se ponga a punto de caramelo y se agrega al atole para que tome color. Se hierve por unos minutos más y se mueve con una palita de madera hasta que se vea el fondo de la olla. Se puede servir en barquillo, untada en pan o como relleno de empanadas o pastel.

Chongos

1/2 litro de leche de soya
125 gramos de azúcar
1 yema de huevo
Canela en raja
Limones (el jugo necesario)

A la leche caliente se le disuelve la yema y se corta con jugo de limón (el necesario). Se deja reposar, se agregan el azúcar y la canela y se hierve a fuego lento hasta que espese. El procedimiento es tardado.

Dulce de leche semicortada

1 litro de leche de soya
Unas gotas de limón
Piloncillo al gusto

Se calienta la leche y se le agregan unas gotas de limón para que se corte. Se agrega el piloncillo al gusto y se hierve moviéndose hasta que se vea el fondo. Se toma como dulce, o se unta en el pan.

Okara

Buñuelos

1 taza de okara fresca
1 taza de harina integral
1 taza de harina blanca
1 huevo
1 chorrito de aceite
1 pizca de sal
Leche de soya, la necesaria
Azúcar para espolvorear, la necesaria

Se mezcla lo seco. Se forma una fuente y en el centro se le ponen el huevo, el aceite y la leche. No se amasa, sólo se incorporan los ingredientes para formar una masa. Cuando ya está lista, se forman bolitas del tamaño de un huevo y se dejan reposar un rato tapadas con una servilleta. Se extienden con un rodillo hasta que queden bien delgadas. Se fríen en aceite hirviendo. Se sacan y se espolvorean con azúcar.

Empanadas

1 taza de okara fresca
1 taza de harina integral
1 taza de harina blanca
1 huevo
1 chorrito de aceite de maíz
1 pizca de sal
Leche de soya, la necesaria

Se mezcla lo seco. Se forma una fuente y en el centro se le ponen el huevo, el aceite y la leche. No se amasa, sólo se incorporan los ingredientes para formar una masa. Cuando ya está lista, se extiende, se corta en ruedas, se rellenan con un guisado salado o con una pasta dulce, se pegan las orillas oprimiéndolas con los dedos y se fríen en aceite bien caliente.

Pan de okara

2 tazas de okara fresca
1 taza de harina integral
1 taza de harina blanca
1 taza de azúcar
3 huevos
150 gramos de mantequilla
1 taza de leche de soya
4 cucharadas de royal
Una pizca de sal

La mantequilla se bate con el azúcar y los huevos enteros. Se agregan a las harinas con el royal, la sal y la okara. Al último se vierte la leche. La mezcla se vierte en un molde previamente engrasado y enharinado, y se cuece a horno mediano. Está listo cuando se mete un palillo y sale seco. No debe dejarse resecar.

Pay de piña

Base:

1/4 de kilo de harina
1/2 taza de okara fresca
2 barras chicas de mantequilla
2 cucharadas de azúcar
6 cucharadas de agua helada

Relleno:

1 taza de okara
1 taza de piña picada
2 cucharadas de maizena
Azúcar al gusto

Para la base se ciernen juntos todos los ingredientes secos y se mezclan con la mantequilla con un tenedor. Se agrega poco a poco el agua helada, procurando amasar lo menos posible. Para el relleno, la piña se hierve con el azúcar hasta que se ablande. Se agregan la okara y la maizena. Se deja cocer unos minutos. La masa se divide en dos partes iguales y se extiende sobre una tabla enharinada. Se coloca en un molde de pay engrasado y enharinado y se rellena. Se tapa con la otra mitad de masa, y se pega con un poco de leche, oprimiendo la orilla con un tenedor y recortando la masa sobrante. Se le hacen unas cortadas para que escape el vapor. Se barniza con leche y se cuece en el horno a temperatura alta por 10 minutos. Se baja a temperatura media y se cuece 20 minutos más.

Kinako

Dulce chino de kinako

1 taza de pinole de soya, o asientos del café
3 cucharadas de azúcar morena
1/4 de taza de miel

1 cucharada de mantequilla derretida
1/2 taza de cacahuate picado

Se revuelve todo y se forman bolitas.

Mantequilla de kinako

2 1/2 cucharadas de aceite
1/2 taza de kinako
1/4 de cucharadita de sal
2 cucharaditas de miel
1 1/2 cucharadas de agua

Se calienta el aceite y se retira del fuego. Se agregan los demás ingredientes, mezclándolos muy bien. Esta preparación es parecida a la crema de cacahuate, y es deliciosa untada en galletas o pan.

Okara y amaranto

Arillos

1 taza de harina blanca
1 taza de harina integral
1 taza de harina de okara
1/2 taza de amaranto
250 gramos de mantequilla
4 cucharaditas de royal
Leche, la necesaria
Aceite de maíz, el necesario
Azúcar, la necesaria
Canela en polvo, la necesaria

Se ciernen los ingredientes secos y se añade la mantequilla, mezclándola con un tenedor. Cuando la mantequilla esté bien incorporada, se añade la leche necesaria para formar una masa, la que al estar lista se extiende sobre una tabla enharinada dejándola muy delgada. Se corta en tiras, se pegan las puntas con los dedos formando arillos y se fríen en aceite caliente a que se inflen. Se escurren y se revuelven en azúcar y canela.

Campechanas

1 taza de harina blanca
1 taza de harina integral
1 taza de harina de okara
1/2 taza de amaranto
250 gramos de mantequilla para la masa
100 gramos de mantequilla para derretir aparte
4 cucharaditas de royal
Leche, la necesaria
Azúcar, la necesaria

Se ciernen los ingredientes secos y se añade la mantequilla, mezclándola con un tenedor. Cuando la mantequilla esté bien incorporada, se añade la leche necesaria para formar una masa, la que al estar lista se extiende sobre una tabla enharinada dejándola muy delgada. Se corta en ruedas y éstas a su vez se parten a la mitad de forma que queden como medias lunas. Se embarran de mantequilla derretida, se revuelven en azúcar, se colocan en una charola engrasada y enharinada, y se meten en horno caliente de 20 a 30 minutos.

Dulce de fruta

4 tazas de okara fresca
1/2 taza de amaranto
2 tazas de leche
1 taza de fruta picada (piña, coco, camote, guayabas, membrillo o cualquier otra fruta, al gusto)
1 raja de canela
Piloncillo al gusto

Se revuelven todos los ingredientes en una cacerola y se cuecen a fuego lento hasta que se desbaraten los pedazos de piloncillo.

Dulce de limón

1 taza de okara fresca
1/2 taza de amaranto
1/2 litro de leche de soya
2 yemas
1 clara
1/4 de taza de maizena
1 pizca de canela molida
1 pizca de sal
1 pizca de carbonato
Unas gotas de vainilla
Ralladura de un limón
Azúcar al gusto

Se mezclan la leche, el azúcar, la canela, la maizena y la okara. Se agrega el amaranto y se pone a cocer a fuego lento sin dejar de mover para que no se pegue. Cuando la mezcla toma consistencia de crema, se le agrega la clara batida a punto de turrón, y al último la ralladura de limón. Se toma caliente o fría, y sola o como relleno de empanaditas o pastel.

Flan

2 tazas de okara fresca
1/2 taza de amaranto
2 huevos
3/4 de taza de azúcar

Se mezclan muy bien la okara, los huevos y el amaranto. Aparte se pone el azúcar en un molde a que se haga caramelo. Se vierte la mezcla de okara y huevos y se pone en baño María por una hora aproximadamente.

Galletas

1 taza de harina blanca
1 taza de harina integral
1 taza de harina de okara

1/2 taza de amaranto
250 gramos de mantequilla
4 cucharaditas de royal

Se ciernen los ingredientes secos y se añade la mantequilla, mezclándola con un tenedor. Cuando la mantequilla ya esté bien incorporada, se añade la leche necesaria para formar una masa, la que al estar lista se extiende con un rodillo sobre una tabla enharinada. Se cortan las galletas o panecitos al gusto. Se ponen sobre una charola engrasada y enharinada. Se barnizan con leche y se meten en horno caliente de 20 a 30 minutos.

Galletas de avena

1 taza de avena
1 taza de harina de okara
1/2 taza de amaranto
250 gramos de mantequilla
2 huevos
1 taza de azúcar
1/4 de taza de agua caliente
1/2 cucharadita de carbonato
1/2 chcharadita de canela
Pasas al gusto

Se baten el azúcar y la mantequilla. Se agregan todos los ingredientes, excepto el carbonato y el agua. Cuando la masa esté lista, el carbonato se disuelve en el agua y se añade. La masa se pone por cucharadas sobre una charola engrasada y enharinada formando galletitas, y se cuece en horno a temperatura regular por 30 minutos aproximadamente.

Moños

1 taza de harina blanca
1 taza de harina integral
1 taza de harina de okara
1/2 taza de amaranto

250 gramos de mantequilla
4 cucharaditas de royal
Leche, la necesaria

Relleno:

1/4 de taza de mantequilla derretida
Azúcar morena al gusto
Canela en polvo al gusto

Se ciernen los ingredientes secos y se añade la mantequilla, mezclándola con un tenedor. Cuando la mantequilla esté bien incorporada, se añade la leche necesaria para formar una masa, la que al estar lista se extiende sobre una tabla enharinada y se corta en rectángulos de 10 cm de ancho por 18 de largo aproximadamente. Aparte se mezclan todos los ingredientes del relleno y cuando esté listo se les pone en medio a los rectángulos recién cortados; se enrollan y se les sellan las puntas. Se enrosca como formando un moño, se colocan en una charola previamente engrasada y enharinada y se meten en horno caliente de 20 a 30 minutos.

Pan esponjoso

3 huevos separados
1 taza de okara fresca
1/2 taza de amaranto
2 cucharadas de miel
1 cucharada de aceite de maíz
Unas gotas de vainilla

Se baten las yemas. Se agregan los demás ingredientes y se mezclan bien. Las claras se baten a punto de turrón y se integran a la masa. Se engrasa y enharina un molde, y en él se vierte la mezcla. Se mete al horno precalentado, se baja la temperatura y se deja aproximadamente 20 minutos a que tome color.

Postre de manzana

1 taza de okara fresca comprimida
1/2 taza de amaranto
2 manzanas chicas cortadas en gajos
1 cucharada de pasas
2 huevos
2 cucharadas de mantequilla
3 cucharadas de azúcar
3/4 de taza de leche de soya
100 gramos de queso panela (opcional)
1 pizca de canela en polvo
1 pizca de sal

Se mezclan todos los ingredientes, menos al amaranto, la mantequilla, el queso y la canela, y se baten. Se engrasa un molde y en él se vierte la mezcla obtenida, la que a su vez se cubre con el resto de los ingredientes. Se mete a horno regular durante 50 minutos aproximadamente.

Rollo de pasas

1 taza de harina blanca
1 taza de harina integral
1 taza de harina de okara
1/2 taza de amaranto
250 gramos de mantequilla
4 cucharaditas de royal
Leche, la necesaria

Relleno:

1/4 de taza de azúcar
2 cucharadas de mantequilla derretida
1/2 cucharada de canela molida
1/4 de taza de pasas
Azúcar glass, la necesaria

Se ciernen los ingredientes secos y se añade la mantequilla, mezclándola con un tenedor. Cuando la mantequilla esté bien incorporada, se añade la leche necesaria para formar una masa, la que al estar lista se extiende sobre una superficie enharinada. Aparte se mezclan todos los ingredientes del relleno, y se acomoda a lo largo sobre la masa. Se enrolla, se barniza con leche, se coloca sobre una charola engrasada y enharinada, y se mete al horno caliente de 20 a 30 minutos. Se sirve adornado con azúcar glass. Se puede rellenar también con mermelada de naranja y ralladura, o con cualquier dulce de soya.

Rosca

1 1/2 teleras duras ralladas
2 tazas de okara
1/2 taza de amaranto
3 huevos
1 barra chica de mantequilla
1 cucharada de royal
Azúcar al gusto

Se mezclan todos los ingredientes. Se baten muy bien hasta que quede una masa uniforme. La mezcla se vierte en un molde para rosca engrasado y enharinado. Se hornea a temperatura media por 30 minutos aproximadamente, o hasta que al meter un palillo éste salga completamente seco.

Harina de okara y amaranto

Panqué

1/4 de kilo de harina de okara
1/2 taza de amaranto
150 gramos de azúcar

1 huevo completo separado
1 clara
1 cucharadita de canela molida

Se baten las claras a punto de turrón. Se agrega la yema y se bate un poco. Se añaden la okara y el azúcar, y se mezcla despacio como envolviendo la masa. Se vacía en un molde de panqué engrasado y enharinado, y se cuece en horno regular hasta que al meter un palillo, éste salga completamente seco.

Polvorones

125 gramos de mantequilla
125 gramos de harina blanca
125 gramos de harina de okara
1/2 taza de amaranto
100 gramos de azúcar
1 cucharadita de carbonato
1 huevo
1 pizca de sal

Se baten la mantequilla y el azúcar. Se agrega el huevo y se sigue batiendo. Se agregan las harinas cernidas con el carbonato y la sal hasta formar una masa. Se hacen bolitas, apretando cada una en el centro para que se les hagan rajadas. Se colocan sobre una charola engrasada y enharinada, se cuecen en horno caliente por unos 30 minutos y se espolvorean con azúcar y amaranto.

Tofu y amaranto

Galletas de tofu

3/4 de taza de leche de soya
1/2 taza de maizena
1/2 taza de tofu
1/4 de taza de amaranto

2 tazas de harina integral
4 cucharadas de royal
1 cucharadita de sal

Primero se calienta la leche de soya y se le añade la maizena. Se mezcla bien. Aparte, se ciernen juntos la harina, el tofu, el royal y la sal. Se mezclan bien y se agrega la leche preparada con la maizena hasta formar una masa. Se incorpora el amaranto. Cuando la masa está lista, se extiende con un rodillo sobre una tabla enharinada. Se cortan las galletas. Se ponen sobre una charola engrasada y enharinada, se barnizan con leche y se meten al horno caliente por unos 30 minutos.

Pay de tofu

Base:

3 tazas de okara tostada
2 cucharadas de miel
2 cucharadas de aceite de maíz
1 cucharada de ajonjolí
Leche de soya, la necesaria

Relleno:

2 tazas de tofu
1/2 taza de miel
3 huevos
1 cucharada de mantequilla
1 cucharadita de vainilla
1 pizca de sal

Se doran sin aceite las 3 tazas de okara, y se guarda media taza para después. Se mezcla la okara con el aceite y lo demás, menos el ajonjolí. Se cubre el molde engrasado y enharinado utilizando las manos para extender la masa. El relleno se forma revolviendo todos los ingredientes, y se coloca sobre la pasta que está en el molde. Una vez que está colocado el relleno, se espolvorea encima la okara que se guardó y la cucharada de ajonjolí. Se mete al horno precalentado por 25 minutos a temperatura media. Se baja la temperatura y se deja un rato más. Antes de servirlo se deja reposar.

Amaranto

Amaranto con bombón

100 gramos de mantequilla
33 bombones grandes
4 1/2 tazas de amaranto

Se pone en la lumbre una olla con agua, y sobre ésta una cacerola de aluminio. En esta cacerola se pone la mantequilla ya derretida, y se agregan los bombones para que se derritan. Cuando ya están derretidos se agrega poco a poco el amaranto hasta que quede una pasta que se coloca en una charola y se extiende con las manos mojadas dejándole el grosor que se desee. Finalmente se corta en cuadritos y se mete al horno hasta que quede de un color dorado claro.

Bisquets con amaranto

2 tazas de harina integral
1/2 taza de amaranto
4 cucharadas de royal
6 cucharadas de mantequilla
1 1/2 cucharaditas de sal
1 taza de leche de soya

Se mezcla lo seco, se agrega la mantequilla desbaratándola con un tenedor; poco a poco se agrega la leche hasta formar una masa suave, la que se extiende y se corta. Se barnizan los panecillos, se colocan sobre una charola engrasada y enharinada y se cuecen en horno caliente por unos 20 minutos.

Dulce de alegría

1 kilo de amaranto
1/2 kilo de miel de piloncillo
1/4 de kilo de nuez o cacahuate
1 litro de agua
1/2 cucharadita de anís
1 raja de canela
1/4 de kilo de pasas
El jugo de un limón

Se hierve el anís en cinco cucharadas de agua. En una superficie se extienden el amaranto y se rocía con esta agua. Se revuelve hasta que el agua penetre y se deja reposar. Aparte, en un litro de agua se pone a hervir el piloncillo por 20 minutos y se le agrega el agua de anís y la canela. Para saber si está en su punto, se le deja caer una gota de miel, la que debe hacerse bolita. Se le agrega el jugo del limón y se sigue moviendo otro poco. Se quita del fuego. Todos los ingredientes se revuelven con el amaranto en una cazuela. Se le agrega la miel. Se mueve para que no se endurezca y se vacía en un refractario previamente mojado. Se le prensa con una botella redonda hasta que se empareje y se corta en cuadritos con un cuchillo.

Galletas de amaranto

2 tazas de harina de trigo integral
1 taza de harina de amaranto
1/4 de kilo de mantequilla
1 taza de azúcar
2 huevos
2 cucharaditas de bicarbonato
1 cucharada de vainilla

Se bate la mantequilla a cremarse. Se agregan el azúcar, los huevos y la vainilla. Por separado se mezclan todas las harinas y el bicarbonato, y después se revuelve todo hasta formar una masa manejable. Se extiende sobre una tabla enharinada y se recortan las galletas. Se colocan en una charola engrasada y enharinada y se hornean a 185 grados durante 10 minutos.

Galletas de maíz

1/2 kilo de harina de maíz
1 taza de amaranto
1/4 de kilo de mantequilla
1 taza de azúcar
1 huevo
1 cucharada de polvo para hornear
1 cucharada de vainilla

Se bate la mantequilla hasta que se acreme, y después se agregan el azúcar, el huevo y la vainilla. Por separado se mezclan los ingredientes secos y se agregan a la mantequilla hasta obtener una masa suave y manejable. Se extiende la masa con un rodillo, se cortan las galletas y se colocan en una charola engrasada y enharinada. Se hornea a 185 grados durante diez minutos, o hasta que las galletas estén doradas.

Galletas de naranja

850 gramos de harina de trigo integral
250 gramos de harina de amaranto
100 gramos de amaranto
2 cucharadas de royal
5 huevos
375 gramos de azúcar
500 gramos de mantequilla
El jugo de una naranja
Leche, la necesaria

Se bate la mantequilla con los huevos y el azúcar hasta cremarse. Se añaden el royal, la harina de trigo, la de amaranto, el jugo de naranja y la leche. Se agrega el amaranto hasta quedar una masa manejable que se deja reposar 20 minutos. Enseguida se extiende una parte de la masa en la mesa y se cortan figuritas. Se engrasan y enharinan las charolas, se acomodan las galletas y se hornean a fuego lento en el horno precalentado hasta que las galletas estén doradas.

Galletas de salvado

1 taza de harina integral
1 1/2 tazas de azúcar
200 gramos de mantequilla
2 tazas de amaranto
3 tazas de salvado
1 cucharadita de vainilla
1/2 cucharadita de royal
1 cucharadita de carbonato
1/4 de cucharadita de sal
Nuez o pasas al gusto

En un recipiente se ponen el huevo, la mantequilla, el azúcar y la vainilla, y se baten hasta que todo se integre bien. Se añaden la harina, el royal y el carbonato y se sigue batiendo. Se agregan el salvado, el amaranto y todo lo demás hasta formar una pasta manejable. Se engrasan y enharinan las charolas. Se hacen las galletas a mano y se hornean a 175 grados hasta que las galletas estén doradas. Procure no juntarlas mucho para que no se peguen.

Hot cakes

1 taza de harina blanca
1 taza de harina integral
1/2 taza de amaranto
1 huevo
4 cucharaditas de royal

1 cucharadita de sal
2 cucharadas de azúcar
1 1/2 tazas de leche de soya
4 cucharadas de aceite de maíz
Vainilla o ralladura de naranja al gusto

Se pone el huevo en una cazuela y se bate un poco. Se le agregan todos los ingredientes secos, menos el royal. Se mezclan y se agrega la leche poco a poco, batiendo hasta que se desbaraten las bolitas. Al último se añaden el royal, el aceite y la vainilla. La masa debe quedar como un atole espeso.

Se calienta una sartén y se preparan los hot cakes. Recuerde que cuando se hacen hoyitos o burbujas en la masa, hay que voltearlos.

Miel para los hot cakes

2 piloncillos
2 tazas de agua
1 raja de canela
Cáscara de naranja cortada en pedacitos

Se hierve todo junto hasta que se desbaraten los piloncillos y se sirve encima de los hot cakes.

Melcocha de plátano con amaranto

6 plátanos muy maduros, que ya estén
   con la cáscara negra
1/2 taza de amaranto

Los plátanos se pelan y se machacan muy bien. Se ponen a la lumbre en una cazuela sin agua, moviendo la masa constantemente con palita de madera, hasta que quede como cajeta o melcocha. Se agrega el amaranto y se sirve como postre con un poco de crema.

Pan de amaranto

750 gramos de harina de trigo
250 gramos de harina de amaranto
150 gramos de amaranto
8 huevos
500 gramos de mantequilla
4 cucharadas de royal
1/2 litro de leche
400 gramos de azúcar o miel

Se bate la mantequilla con los huevos. Se añade el azúcar hasta acremarse. Se agregan el resto de los ingredientes y se sigue batiendo hasta que se forme una masa uniforme. Se coloca la masa en un molde engrasado y enharinado y se hornea a fuego lento en el horno precalentado hasta que al meter un palillo éste salga seco.

Pastel de plátano con amaranto

1/2 kilo de plátano macho
1/4 de kilo de azúcar
5 huevos
2 cucharadas de royal
1/4 de kilo de mantequilla
1/4 de kilo de harina integral
1/4 de kilo de harina blanca
1/2 taza de amaranto
2 cucharadas de carbonato

Los plátanos se pelan y se machacan con tenedor. Se les agrega el azúcar y se bate muy bien. Se va agregando poco a poco la mantequilla y posteriormente el resto de los ingredientes. Se engrasa y enharina un molde. Se vacía la masa y se hornea a temperatura media.

Pay de frutas

Base:

2 1/2 tazas de harina integral
1/2 taza de amaranto
1 taza de aceite de maíz
1 taza de agua helada
1/2 cucharadita de sal
1 cucharada de royal
Agua, la necesaria

Para el relleno:

2 tazas de fruta picada al gusto
   (manzana, mango, piña, pera o cualquier otra)
Azúcar al gusto
Una pizca de sal

Se mezclan los ingredientes secos de la base y luego el aceite. Cuando la masa está granulosa, se le pone poco a poco el agua necesaria para que quede una masa fácil de manejar. Para hacer el relleno, a la fruta que se vaya a emplear se le revuelve una poca de harina integral y se le pone azúcar al gusto y la sal. Con la masa se forra un molde de pay previamente engrasado y enharinado (separando un poco de la masa para hacer una rejilla encima del relleno), y se rellena. El pay se mete al horno a temperatura media por 20 minutos.

Tamales de nuez o almedra

2 tazas de amaranto
1 kilo de harina para tamales
1/2 kilo de manteca vegetal
1/2 kilo de azúcar hecha almíbar espeso
1 taza de nuez o almendras molidas
Cáscaras de tomate verde y anís
Hojas de maíz secas, las necesarias

Se bate la manteca vegetal a punto de listón. Se le agrega la harina poco a poco. Se sigue batiendo y se le pone el almíbar del azúcar y el amaranto. Se sigue batiendo y se agrega la nuez o almendra. En un vaso de agua se pone un pizca de la masa. Si sube a la superficie, es que ya está lista. Se lavan las hojas previamente remojadas. Se rellenan con la masa y se envuelven bien. Se pueden hervir en olla de presión, o en vaporera. Estos tamales también se pueden hacer de sal.

VIII. Bebidas

Bebidas con soya

Atole de coco

1 litro de leche de soya
200 gramos de ralladura de coco
2 tazas de maizena
1 pizca de sal
Azúcar al gusto

El coco se mezcla con la maizena, el azúcar, y la pizca de sal. Se agrega la leche y se pone a calentar y a hervir unos minutos.

Batidos de tofu

1/2 taza de tofu (esta cantidad se ajustará
    dependiendo de lo cremoso que quiera el batido)
2 cucharadas de miel de piloncillo
Leche de soya, la necesaria
Nuez, cacahuate o cualquier otra
    oleaginosa al gusto

Se licúa todo junto. A este batido base le puede agregar frutas, jugos de frutas, darle otro sabor con canela o nuez moscada, semillas de ajonjolí, amaranto, etc.

Chocolate

Harina de soya, la cantidad deseada
Una pizca de sal
Canela en polvo, la necesaria
Cacao o chocolate molido, el necesario

En una sartén o cazuela sin aceite se pone a dorar a fuego lento la cantidad deseada de polvo de soya, hasta que tome color de chocolate. Se le agregan canela molida, azúcar, una pizca de sal, un poco de cacao molido y cacao o chocolate en polvo para darle más sabor. Se mezcla con leche fría o caliente.

Horchata

1 litro de leche de soya
4 litros de agua hervida fría
Azúcar al gusto
Canela en polvo al gusto

Se revuelven todos los ingredientes, se deja reposar y el resultado será un refresco muy sabroso.

Leche de soya con ajonjolí

4 tazas de frijol de soya remojado,
   pelado y cocido
1 taza de ajonjolí ligeramente tostado

Se muele ligeramente el frijol de soya junto con el ajonjolí. La mezcla se cuela en una bolsa de manta. Se mete varias veces en agua y se exprime para que le salga toda la sustancia. Se exprime hasta que la masa quede seca, la leche que quedó se hierve por 30 minutos. La masa que queda dentro de la bolsa se pone a orear al sol en un recipiente, y después se tuesta ligeramente. Sirve para hacer cereal, pan y dulces.

Licuado de leche de soya con avena cruda remojada

1 vaso de leche de soya
1/4 de taza de avena remojada
Miel o azúcar al gusto

Se licúa todo junto.

Licuado de fruta con leche de soya

1 vaso grande de leche de soya, caliente o fría
2 cucharadas de germen de trigo
1 cucharada de amaranto
1 plátano, mamey, fresas, zarzamoras, guayabas, etc.
Miel o azúcar al gusto

Se licúa todo junto, menos el amaranto. Este se agrega al final, cuando ya todo esté licuado.

Soyafé

Harina de soya, la cantidad deseada
Rajas de canela, las necesarias
Piloncillo, al gusto

En una sartén o cazuela sin aceite se pone a dorar a fuego lento la cantidad deseada de polvo de soya. Cuando tome el color deseado se pone al gusto en agua caliente y se hierve por dos o tres minutos con rajas de canela y piloncillo. Se retira del fuego, se tapa y se deja reposar un poco.

Bebidas con amaranto

Atole de amaranto

150 gramos de harina de amaranto
1 litro de leche
1 rajita de canela
Piloncillo al gusto
Agua, la necesaria

En un poco de agua hierva el piloncillo con la canela. Por separado, disuelva la harina de amaranto en poca agua fría. Agregue la harina de amaranto al agua de piloncillo y mueva constantemente la mezcla. Cuando suelte el hervor se le agrega la leche. Se deja hervir, hasta quedar ligeramente espeso.

Horchata de amaranto

1/4 de kilo de harina de amaranto
1 litro de leche de soya
3 litros de agua
Miel de abeja al gusto

Endulzar un litro de agua con la miel. En el agua restante disuelva muy bien la harina. Deje reposar 10 minutos y colándola, agregue al agua endulzada. Agregue la leche y hielos.

Licuado de amaranto con fruta

1 mamey mediano (o una fruta de su elección)
1 vaso grande de leche de soya
1 cucharada de germen de trigo
3 cucharadas de amaranto
Miel al gusto o piloncillo

Se licúa todo junto, excepto el amaranto, el que se agrega al final, cuando ya esté todo licuado.

IX. 43 AÑOS DE LABOR HUMANITARIA DEL DR. SWAMI PRANAVANANDA SARASWATI

El Dr. Swami Pranavananda Saraswati nació el 1 de febrero de 1930 en el seno de una culta familia en Maharajpur, Distrito de Chhatarpur, Provincia de Madhya Pradesh, India. Se educó en colegios de Benares, Jhansi e Indora. Fue un excelente estudiante de improvisada oratoria, y dirigente de asociaciones estudiantiles. Por su destacado desempeño recibió numerosos premios y distinciones. Luego de graduarse en Medicina y Cirugía, practicó su profesión en la India Central y prestó servicios en el Departamento de Salud Pública. Posteriormente, la reflexión sobre los problemas existenciales de la vida y su destino lo atrajeron al cambio filosófico, convirtiéndose más adelante en especialista en Filosofía Integral. En el transcurso de sus investigaciones descubrió los principios universales de la Filosofía Yoga para el bienestar y progreso del ser humano de todo el mundo. El célebre médico y filósofo ha consagrado totalmente los últimos 43 años de su vida al servicio de la humanidad; es Fundador y Director de un centenar de Instituciones y Proyectos en varios campos y en diversos países.

Comenzó su Labor Mundial Humanitaria el 7 de junio de 1954. Primero viajó por toda la India y luego, en 1955, inició su primera Gira Mundial, que abarcó 50 países.

Ciento veintiocho países visitados, sus organizaciones y 35,000 programas dirigidos

Para promover la cooperación Internacional, el entendimiento mutuo y la confraternidad universal entre las naciones, comunidades y razas y lograr la Paz Mundial, así como también para promover los ideales de la Reconciliación, Síntesis y Unidad en la diversidad, en estos 43 años Swami Pranavananda ha realizado varias Giras Mundiales visitando 128 países, difundiendo en ellas los altos valores humanos, incluyendo los de Participación, Progreso, Plenitud y Paz, así como también los de Comunicación, Cooperación, Superación y Liberación. En estos 128 países el distinguido humanista ha dirigido personalmente 35,000 programas para el público. A través de los medios masivos de comunicación como conferencias de prensa y programas de radio y televisión, sus pensamientos y enseñanzas han llegado a millones de seres humanos para lograr Salud, Felicidad, Sabiduría y Realización. En las Instituciones que ha fundado, y sigue fundando en diversos países, millares de personas reciben anualmente enseñanzas para su bienestar físico, mental y espiritual. Sus Instituciones tienen Personalidad Jurídica y están oficialmente inscritas en la Organización de Naciones Unidas como organizaciones no gubernamentales. La síntesis de la biografía del Dr. Swami Pranavananda Saraswati ha sido publicada en diferentes idiomas, a saber: español, inglés, francés, ruso, chino, árabe, hindú, griego, hebreo, italiano, alemán, holandés, portugués, japonés, coreano, polaco, rumano, húngaro, finlandés, sueco y sánscrito. Estos 21 idiomas son hablados por los habitantes de más de un centenar de países del mundo. Además, el número 21 simboliza el Siglo XXI, para el cual Swami Pranavananda Saraswati ha proclamado movimientos históricos para el logro de un mundo mejor. En estos mismos idiomas también se han filmado videocassettes sobre su biografía para ser difundidos a través de los medios masivos de comunicación.

Su destacada labor en la India. Los importantes premios nacionales "Swami Pranavananda"

El Dr. Swami Pranavananda Saraswati es miembro vitalicio de la Academia Nacional de Ciencias de la India y otras Academias y Organizaciones. Recientemente visitó 33 Universidades, en las cuales dictó conferencias y transmitió sus Mensajes sobre variados temas. Además, pronunció discursos en los Congresos Nacionales de distinguidos filósofos, psicólogos, médicos y científicos del país. En su país natal, India, Swami Pranavananda ha establecido 120 Instituciones y programas dedicados a los diversos campos que promueven el bienestar humano, y la mayoría de ellos ha recibido su importante ayuda económica para realizar sus múltiples actividades. Anualmente, la Comisión Universitaria de la India otorga los premios "Swami Pranavananda Saraswati" en los campos de Educación, Psicología, Ciencias Políticas, Economía y Ciencias del Medio Ambiente y Ecología, con la participación de 132 Universidades y diversas organizaciones nacionales. Además, cada año se otorgan a distinguidas instituciones y personalidades en funciones públicas y por su meritoria tarea, los Premios Nacionales "Swami Pranavananda" en el campo de la Filosofía, Yoga, Periodismo, Paz, etc. El Dr. Swami Pranavananda ha sostenido diálogos sobre temas de interés mutuo con los más altos dirigentes de la India, incluyendo al Presidente, Vicepresidente, Primer Ministro y miembros del Gabinete Nacional.

A las personas que deseen conocer la magnitud de su obra en la India y en el mundo, le informamos que se han escrito numerosos libros acerca de su intensa labor.

Participación en numerosos congresos

Además de dirigir los múltiples programas de sus Organizaciones, anualmente Swami Pranavananda participa activamente en Congresos Nacionales, Internacionales y Mundiales, así como también en Mesas Redondas, Simposios y Coloquios realizados sobre variados temas, y en diversos países, en los cuales pronuncia discursos y hace uso de la palabra en diferentes idiomas ante millares de profesionales, científicos, médicos, políticos, diplomáticos, y personas de todo el quehacer humano.

Por ejemplo, en 1988 participó en 25 diferentes importantes eventos de esta naturaleza. Swami Pranavananda posee conocimientos acerca de cualquier tema, e improvisa en forma vibrante, haciendo planteos profundos y un agudo análisis de los mismos.

97 libros publicados y numerosos videocassettes

Sobre su Vida, Obra y Enseñanzas difundidas en todo el mundo, casas editoras del continente americano han publicado hasta la fecha 97 libros acerca de diferentes temas de interés humano, que conforman una rica biblioteca para los buscadores y estudiosos. El libro número 80 de 700 páginas contiene 500 fotografías de Swami Pranavananda, con estadistas y personalidades mundiales y 200 documentos históricos sobre su Labor Mundial Humanitaria. Además, se han realizado más de 80 videocassettes sobre su extraordinaria labor en todo el mundo.

Su positiva obra en América Latina en los últimos 39 años

Después de un año de su extensa gira de conferencias en los Estados Unidos de Norteamérica y Canadá, Swami Pranavananda Saraswati llegó por primera vez a la Ciudad de México en junio de 1957, invitado por un ex-Presidente mexicano, quien organizó su primer Ciclo de Conferencias Públicas, las que fueron muy concurridas. Así comenzó su labor en América Latina. Posteriormente fundó diversas Asociaciones Civiles en la Cd. de México, ciudad que visita frecuentemente para dirigir sus Instituciones. Entre los honores recibidos en reconocimiento a su excelente labor, está el de ser Miembro de Honor de la Legión de Honor Nacional de México, a la cual pertenecen las más distinguidas personalidades del país.

Durante estos 39 años ha viajado en distintas ocasiones por todos los países de América Latina y el Caribe, promoviendo los ideales de integración latinoamericana, y ha participado en foros regionales y conferencias continentales. Así, por ejemplo, participó como invitado Especial del Gobierno de la Provincia de Santa Fe, Argentina, en la Conferencia Latinoamericana y del Caribe de Gobernadores, Intendentes y Legisladores, realizada en esa ciudad en septiembre de 1986. Asimismo, tuvo una relevante actuación como invitado del Senado de México y de las Naciones Unidas en la I Conferencia Interparlamentaria sobre el Medio Ambiente en América Latina y el Caribe realizada en marzo de 1987, en la cual participaron diputados y senadores latinoamericanos. Esta conferencia fue inaugurada por el Presidente de México. Los relatos acerca de su participación en estas importantes conferencias se encuentran en los libros 65 y 69 de sus publicaciones, intitulados "Paz Universal" y "Salud Mental, Medio Ambiente y Ecología".

Desde México, en un extremo, y Argentina en el otro, Swami Pranavananda promueve la integración regional. Ante el Foro Mundial de Filosofía realizado en la Universidad de Montreal en agosto de 1983 en el cual participaron 2,000 filósofos de todo el mundo, Swami Pranavananda concluyó uno de sus discursos diciendo:... "América Latina necesita unidad política, independencia económica y, sobre todo, el amor incondicional..." Sus conceptos sobre América Latina se encuentran publicados en los libros números 47, 72 y 78 intitulados "Los Filósofos Mundiales Escuchan a Swami Pranavananda", "Reflexiones sobre Filosofía Occidental" y "Reflexiones sobre América Latina".

El 14 de abril de 1989, cuando la Organización de los Estados Americanos (OEA) celebró el centenario de su fundación, el Dr. Swami Pranavananda participó en esta histórica conmemoración en compañía de los embajadores latinoamericanos y otras personalidades.

Su labor para las Naciones Unidas

El Dr. Swami Pranavananda Saraswati visitó por primera vez la sede central de la Organización de las Nacional Unidas (ONU) en la Ciudad de Nueva York, en diciembre de 1956, y sostuvo entonces un diálogo con el Presidente de la Asamblea General de esa Organización. En el transcurso de los últimos 38 años, el Dr. Swami Pranavananda Saraswati ha colaborado con la ONU y ha promovido sus ideales y proyectos para el mejoramiento de la humanidad en el mundo entero. Ha participado en conferencias mundiales, foros internacionales y reuniones nacionales organizadas por Naciones Unidas en diversos países. El Dr. Swami Pranavananda es Fundador y Director del Movimiento para la Paz Universal, una de sus organizaciones en Buenos Aires, Argentina, la cual fue designada oficialmente por el Secretario General de las Naciones Unidas como "Mensajera de la Paz" en reconocimiento por su labor para la paz mundial.

Durante los últimos 38 años, Swami Pranavananda ha mantenido constante contacto con los dirigentes de la Organización de las

Naciones Unidas, y ha dialogado con su Secretario General, así como también con diversos Presidentes de la Asamblea General, con los altos funcionarios del Consejo de Seguridad, de la UNESCO y de otros organismos de la ONU. Es frecuentemente invitado a participar en sus variados programas, y ha expresado sus conceptos y pronunciado sus Mensajes más de un centenar de veces sobre variados temas en algunos de sus foros y reuniones. En los libros números 55, 57 y 64 de sus publicaciones, intitulados "Swami Pranavananda y su Labor para las Naciones Unidas", "Swami Pranavananda, Embajador de Buena Voluntad y Paz" y "El Desarme y la Paz Mundial", se encuentran más detalles acerca de su tarea para esta Organización Mundial.

Reuniones y diálogos con estadistas mundiales

El Dr. Swami Pranavananda "EMBAJADOR DE BUENA VOLUNTAD Y PAZ" ha tenido siempre la costumbre de dialogar con personas comunes y corrientes de diferentes sectores, así como también con dirigentes nacionales y estadistas mundiales. El objeto principal de sus conversaciones con los líderes políticos, diplomáticos, presidentes de diversos países y ministros de gabinete, ha sido intercambiar ideas y buscar soluciones adecuadas a los problemas que aquejan a la humanidad. Nunca ha solicitado ningún tipo de favor o ayuda a nadie. Sus reuniones con cualquier persona, no importa que fuera sencilla o un líder mundial, han sido desinteresadas, con el único objeto de hacer el bien a todos sin esperar nada. En el Auditorio de sus organizaciones en Buenos Aires, Argentina, se encuentran alrededor de 700 fotografías con sus correspondientes leyendas relativas a cada encuentro, en las que se observa en compañía de estadistas, líderes nacionales e internacionales y mundiales, así como también con embajadores de diversos países, lo cual constituye una magnifica muestra histórica.

Honores y homenajes mundiales a Swami Pranavananda

El Dr. Swami Pranavananda "EMBAJADOR DE LA HUMANIDAD", quien es Fundador y Promotor de diversos movimientos históricos, ha recibido numerosos Títulos, Premios, Diplomas de Honor, Medallas, Testimonios Públicos y Homenajes en diferentes países, acerca de los cuales se dan detalles en los numerosos libros escritos sobre Su Vida, Enseñanza y Labor Mundial Humanitaria. En reconocimiento de su Magna Obra, Organismos Oficiales han puesto el nombre de Swami Pranavananda a calles, plazas, jardines e importantes Instituciones. También se encuentran hermosas estatuas con su imagen en diferentes países, realizadas como un homenaje más en gratitud de su maravillosa Misión Mundial.

Siete pensamientos de Swami Pranavananda

1.- Los seres humanos de cualquier país viven con libertades y derechos civiles, pero están esclavizados por sus hábitos, emociones, pasiones, instintos, complejos, miedos, temores, dificultades, tradiciones e inhibiciones, y no pueden elevarse. Tienen libertad exterior, pero no tienen la liberación interna que conduce hacia la paz y perfección.

2.- Ni el Estado ni ningún sistema socio-político pueden liberar a quien está atado por cadenas de ignorancia. Todo sufrimiento tiene su causa en la ignorancia. El individuo solamente puede ser liberado mediante el conocimiento superior y por el descubrimiento y realización de La Verdad, que es un estado de paz.

3.- Muchos dirigentes y estadistas hablan de paz y justicia social, pero en la práctica no lo corrobora su conducta. Hablan una cosa y hacen otra. Esta situación puede ser resuelta a través de la espiritualización de los líderes del mundo actual.

4.- Los diferentes países constantemente quieren efectuar grandes obras, pero olvidan formar a los hombres. Pero formación no sólo quiere decir crear grandes especialistas y técnicos en variados campos. Es necesario el entrenamiento integral de los seres humanos para que en todas las circunstancias de la vida sean honestos, dinámicos, armoniosos, llenos de paz y amor.

5.- La paz mental y la felicidad humana no pueden ser logradas únicamente mediante los adelantos científicos y tecnológicos, ni tampoco con el progreso material e intelectual. Las personas deben convencerse de que su orientación debe estar dirigida hacia los más altos valores de la meta humana.

6.- La vida brinda placeres y dolores, ganancias y pérdida, éxitos y fracasos; alternadamente uno debe permanecer indiferente a estos cambios, considerándolos como fenómenos naturales de la existencia. Estas dualidades no deben perturbar la estabilidad emocional y la paz mental.

7.- Es la paz individual la que prepara el camino hacia la paz universal. Establécela primero en tu corazón, compártela luego en tu hogar, irrádiala en tu comunidad, y entonces que vibre de corazón a corazón hasta que penetre e impregne el Universo entero a través de tu noble vida.

AUM SHANTI, SHANTI, SHANTI

INVOCACION PARA LA PAZ MUNDIAL
PARA TODOS DESEAMOS LO AUSPICIOSO
PARA TODOS DESEAMOS LA PAZ
PARA TODOS DESEAMOS LA PLENITUD
PARA TODOS DESEAMOS EL BIENESTAR

SWAMI PRANAVANANDA

Vocabulario de Verduras y Frutas para México, Centro y Sudamérica

Aguacate: abocado, palta.

Alcachofa: alcuacil.

Alverjón: chícharo seco, guisante seco.

Apio: celery.

Angú: kimbombo, okra, mojana, lady finger, chimbombo, yerba de culebra.

Berenjena: huistomate, eggplant, pepino morado, chicha, chichihua, chirimora.

Berros: cresón.

Betabel: remolacha, betarraga.

Cacahuates: maní, cacahues.

Calabacitas: chauchitas, zapallos, calabacines.

Calabaza de Castilla: calabaza amarilla, cidracayote.

Camote: boniato, batata, aje, apicho, patata dulce.

Cilantro: culantro, coliandro.

Curry: condimento de la India.

Champiñón: hongo blanco, champignón.

Chabacano: damasco, albaricoque.

Chayote: zapallo espinoso.

Chícharo: arveja, guisante, petit pois.

Chile: ají, guindilla.

Durazno: melocotón.

Ejotes: porotitos verdes, judías verdes.

Elote: choclo, mazorca tierna.

Epazote: paico, pisote.

Fresa: Frutilla, fresa silvestre.

Frijol: judía seca, poroto.

Huitlacoche: hongo de maíz.

Hongos: setas, cepas, rovellones.

Jitomate: tomate rojo.

Nuez: pecan, pacanas.

Papa: patata.

Piña: anona, abacani.

Plátano: banano o banana.

Papaya: fruta bomba.

Páprika: pimiento o guindilla.

Pepita de calabaza: semilla de calabaza.

Perejil: para dar sabor.

Pimentón: polvo que se obtiene del pimiento seco molido.

Poro: puerro.

Setas: cepas.

Tomate: tomate verde, tomate de cáscara, tomatillo, tomate de milpa.

Toronja: pomelo, cidro.

Tortillas: asepas.

Tuna: higo chumbo, higo de pala.

Zarzamora: zarza.

Impreso en los talleres de
Trabajos Manuales Escolares,
Oriente 142 No. 216
Col. Moctezuma 2a. Secc.
Tels. 5 784.18.11 y 5 784.11.44
México, D.F.